장애와 지도

일본 맹중복장애인복지시설연구협의회 엮음

여주라파엘의집 정지훈 · 조규영 옮김

Σ 시그마프레스

시각중복장애인의 이해와 지도

발행일 | 2017년 2월 10일 1쇄 발행

엮은이 | 일본 맹중복장애인복지시설연구협의회
옮긴이 | 여주라파엘의집 정지훈 · 조규영
발행인 | 강학경
발행처 | ㈜ **시그마프레스**
디자인 | 조은영
편집 | 김성남

등록번호 | 제10-2642호
주소 | 서울시 영등포구 양평로 22길 21 선유도코오롱디지털타워 A401~403호
전자우편 | sigma@spress.co.kr
홈페이지 | http://www.sigmapress.co.kr
전화 | (02)323-4845, (02)2062-5184~8
팩스 | (02)323-4197

ISBN | 978-89-6866-856-2

盲重複障害者福祉ハンドブック 改訂版

이 도서의 국립중앙도서관 출판예정도서목록(CIP)은 서지정보유통지원시스템 홈페이지
(http://seoji.nl.go.kr)와 국가자료공동목록시스템(http://www.nl.go.kr/kolisnet)에서 이용
하실 수 있습니다.(CIP제어번호: CIP2017002152)

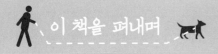 이 책을 펴내며

이 책은 시각중복장애인 복지시설인 여주라파엘의집 창립 25주년을 기념하면서
질적 성장을 위한 방안으로 발간하였습니다.

우리나라에서는 처음으로 시각중복장애인을 위한 복지시설을 설립하여, 시각중복장애
교육 또는 복지시설 현장에서 실질적 도움이 되고자 시설을 확장하고, 환경을 개선하였
지만 이들을 지도하기 위한 지침서 또는 매뉴얼이 전무한 현실에서 질적 향상을 꾀하기
에는 힘이 들었습니다. 특히 장애인 중에서도 의사소통하기가 가장 어렵고, 교육 현장
에서도 소외된 시각중복장애인을 위한 체계적인 교육 및 훈련 프로그램 개발이 절실하
기에 이를 위한 방안을 모색하지 않을 수 없었습니다.

그러던 중 2011년 11월 일본 치바현 사쿠라시에 소재한 사회복지법인 아이코(愛光)를
방문하였을 때, 노리자와 이사장님께 시각중복장애인과 관련한 현장에서 사용할 수 있
는 책을 요청하여 '일본 맹중복장애인복지시설연구협의회'에서 발간한 **시각중복장애인복
지핸드북(盲重複障害者福祉ハンドブック)**을 추천받았습니다. 이 책을 참고하여 우리나라
현실에 맞는 지침서를 펴고자 하였으나, 시각중복장애 교육에 있어 우리나라보다 앞서
있으면서 여러 차례 보완하여 발간된 **시각중복장애인복지핸드북**이 우리나라 교육 및 복지
현장에 적용하기에 아주 적합하다고 생각되어, 현실적으로 시각중복장애인을 위한 교
육 서비스가 시급하게 요구되는 상황이기에 **시각중복장애인복지핸드북**을 한국어로 번역
할 계획을 세웠습니다.

그리하여 극동대학교 초등특수교육과 조규영 교수님과 뜻을 같이하여 번역하기에 이
르렀고 쾌히 승낙해 주신 조규영 교수님께 이 자리를 빌려 감사의 뜻을 전합니다.

일본의 시각중복장애인 교육과 복지의 역사를 잘 살펴보면 한국에서도 일본에서와

비슷한 흐름으로 진행됨을 볼 수 있어 일본의 시각중복장애인 복지시설, 교육기관을 눈여겨볼 필요가 있습니다.

일본의 경우는 1950년 교토부설 맹학교에서 시각중복장애 교육을 처음 시작하였고, 시각중복장애인 시설로는 1966년 시각중복장애인 전문시설 코도원 라이트센터가 제1호로 최초입니다. 우리나라는 1986년 서울 종로구 평동 소재 라파엘의집에서 비인가시설로 시각중복장애인 교육을 처음 시작하여, 1994년 여주라파엘의 집에서 시각중복장애인을 위한 시설특수교육이 경기도에서는 처음으로 이루어졌고, 시가장애특수학교에서는 서울맹학교가 2000년에 시각중복장애학급을 처음으로 설치·운영하였습니다.

우리나라는 현재 시각중복장애인을 위한 교육이나 훈련이 각 기관에서 자체적으로 만든 교육과정을 적용하는 데 그치고 있어, 체계적인 지침서가 마련되지 않은 상황에서 이 책이 시각장애인 특수학교 교사, 복지시설 종사자, 부모들에게 부족하지만 시각중복장애인 지도에 지침이 되는 나침반이 되길 바랍니다.

일본에서 쓰인 책을 번역한 거라 우리나라 실정과 맞지 않을 수도 있지만 우리나라에 맞춰 의역을 할 경우 오히려 지도 내용 전달에 오류가 있을까 우려되어 원문에 충실하였음을 미리 밝혀 둡니다.

2012년 맹농인의 이해와 지도에 이어 두 번째로 이 책을 펴내면서, 이것이 끝이 아니라 시작이라는 마음으로 우리나라의 시각중복장애인을 좀 더 깊이 이해하는 데 도움이 될 수 있는 세 번째 책을 계획해 봅니다.

이 책이 나오기까지 꼼꼼히 교정을 봐 주시고 조언을 해 주신 많은 분들께도 깊이 감사드립니다.

그리고 이 책을 출판하는 데 쾌히 승낙해 주신 (주)시그마프레스 강학경 사장님과 이호진 전무님께도 깊이 감사드립니다.

2017년 1월
여주라파엘의집 원장 정지훈

일본의 사회복지제도는 2000년부터 다양한 변화를 보여 왔습니다. 개호보험제도가 도입되고, 그다음 해인 2001년에는 21세기 들어 장애인에 대한 개념 정립도 바뀌어 WHO 국제생활기능분류가 채택되었으며, 2003년에는 제2차 세계대전이 끝난 후 약 반세기 동안 계속되었던 조치(措置)제도가 종료되고 장애인 관련 시설 지원비 제도 또한 바뀌었습니다. 이때부터 장애인이 스스로 시설을 선택할 수 있는 이용계약제도가 시작되었지만, 이 지원비 제도도 재정적인 측면에서 지속이 어려워져 장애인자립지원법으로 그 모습을 바꾸게 되었고, 2006년 4월에 장애인자립지원법이 시행되었습니다. 그 후 재검토, 일부 개정 법안 그리고 2009년에는 정권교체에 의해 폐지 방침이 세워지는 등 시행 후 5년간 빠르게 변화해 왔습니다. 그리고 현재는 장애인종합복지법 제정을 위한 검토가 진행되고 있습니다. 관계자로서 기쁘기도 하고 기대하는 바도 큽니다.

일본 맹중복장애인복지시설연구협의회(약칭 맹중복연)는 1980년 11월에 시가현의 히코네학원, 후쿠이현의 코도원, 히로시마현의 아이메이원, 미야자키현의 에덴의원, 야마나시현의 아오이시마성인기숙사, 도쿄도의 히카리노이에신세이원 등 시각중복장애인을 입소 대상으로 하고 있는 6개 시설로 발족하였습니다. 당시 시각장애와 지적장애를 함께 가지고 있는 중도(重度) 중복장애인이 생활하는 시설 수는 적었으나 전국에 걸쳐 소재하고 있었습니다. 그러나 이를 뒷받침해 주는 법률도 없고, 지원에도 일관성이 없다는 큰 문제가 있었습니다. 이런 이유로 맹중복연은 전문성을 갖춘 이상적인 지원방법을 고민하며, 1985년에 "시각중복장애인과 복지시설 — 실태조사보고서"를 작성하고, 1989년에는 "시각중복장애인 복지 핸드북"을 발행하였으며, 나아가 1994년에는 "장애인복지에 대한 새로운 도전 — 시각중복장애인복지시설 리포트"(제2차 실태조사보고서)

를 작성해 왔습니다.

　본 협의회의 회원시설(22개 시설)은 시각중복장애인의 이용시설로서 발족 당시부터 30년간 시설 발전을 위해 최선의 노력을 기울여 왔으나, 시각중복장애인을 위한 현실은 매우 열악하며, 지원뿐만 아니라 관련 자료와 문헌도 부족한 실정입니다. 이제는 시각중복장애인을 위한 새로운 시책이 필요한 때입니다. 지금까지 오면서 실태 조사를 실시하고 20년 전에 핸드북을 작성하는 등 맹중복연으로서의 사명을 다해 왔지만, 시대의 변화를 반영하고 더욱 발전된 시각중복장애인 지원 매뉴얼로, 이 책을 발간하게 되었습니다. 이 책이 현장에서 일하는 지원자는 물론 관련자들의 연구 및 실천에 도움이 되어 시각중복장애인의 복지 향상에 기여할 수 있기를 바랍니다. 아울러 본 협의회의 다나카 노조미 전 회장님이 2011년 5월 18일에 서거하셨으나, 유족들의 깊은 이해를 바탕으로 이 책 출간에 기부를 해 주셨습니다. 또한 다양한 형태로 협조해 주신 많은 분들께 감사의 말씀을 드립니다. 마지막으로 업무에 바쁘신 가운데 편집에 참여해 주신 본 협의회 핸드북위원들의 노고에 진심으로 감사의 말씀 드립니다.

일본 맹중복장애인복지시설연구협의회 회장

카와베 카즈마사(川辺和政)

차례

제1부

|

시각중복장애인
복지의 변천과정과
이후의 과제

1. 제2차 세계대전 이후 장애인 복지의 변천과정

오늘날에 이르러 장애인 복지와 관련 시책·제도의 역사적 기점을 어디에 둘 것인가? 학자마다 여러 가지 견해가 있을 것이다. 우리가 여기서 문제 삼는 시각장애인 복지에 초점을 두고 역사가 변해 왔던 '그 당시'를 설정하면, 그것은 '1948년 9월 3일'이라고 생각한다.

헬렌 켈러(Helen Adams Keller, 1880~1968)가 전쟁에 의해 폐허가 된 일본에 '평화의 사자'로 방일하여 일본인을 향해 다음과 같은 메시지를 발표했던 '그날'이다.

"오늘 일본의 여명은 여러분 위에 빛나기 시작했습니다. 우리가 바라는 것은 모두가 가지고 있는 램프를 지금 조금 높게 들고, 보이지 않는 사람들의 갈 길을 비춰 주는 것입니다. 그리하면 맹인들에게도 새로운 길이 펼쳐질 것입니다."

당시의 점령정책에 따른 측면도 있지만, 이 발언이 다음 해 1949년의 신체장애인 복지법의 성립·공포에 공헌했다는 점은 당시 관계자들에게 이론의 여지가 없었다. 그러나 장애인 복지 변천과정에 있어서 첫걸음이라고 하지만, 신체장애인 복지법은 시각·청각·지체 등의 신체장애로만 한정되어 비교적 경도(輕度)로 직업 복귀를 기대할 수 있는 사람을 대상으로 한정되어 있었다.

그 후 전후 부흥 단계에서 경제성장이라는 발전과정에 장애인 복지의 확충이 진행되어, 1960년 정신박약자복지법의 성립은, 그때까지 생활보호법의 구빈적 사고 안에 포함되어 있던 장애인 복지가 전문적으로 분화해 가는 계기가 되었다. 1960년대 후반 중도(重度) 장애인이 지원 대상이 되면서, 그 후 시각중복장애 아동과 성인의 복지 실천을 위한 수용처가 되었던 중도 정신지체아 수용시설, 중도 신체장애인 수산(授産, 직업이 없거나 소득이 낮은 사람에게 살길을 열어 주려고 일자리를 마련해 줌_편집자 주)시설, 중도 신체장애인 갱생원호(援護)시설, 중증 심신장애아 시설이 제도화되었던 것도 이때이다.

장애인 복지시책에 따른 이념에 관한 법이라고 해야 할 심신장애인대책기본법이 1970년에 제정되어 1993년 장애인기본법으로 발전해 갔지만, 1970년대의 장애인 복지는 '시설복지'가 중심이었다. 1970년 후생성이 내놓았던 사회복지시설 긴급정비 5개년 계획은 1971년도를 기점으로 하는 것이어서, 그 사이에 일본 전국에 장애인복지시설이 급증하고 자활시설 구상에 의한 대규모 시설도 각지각처에 정비되었다. 장애아 부모운동도 활발하게 전개되었으며 시각중복장애인 시설도 이 시기에 본격적인 대응이 시작되었다고 말할 수 있다. 또한 1979년에 양호학교 의무화가 시행되었던 점도 반드시 기록해 두어야 할 사항이다.

1981년 '완전참여와 평등'을 주제로 "국제장애인의 해"와 그 후 "국제연합 장애인의 10년"은, 복지를 선두로 여타 관련 분야(의료 · 교육 · 고용 · 환경 등)에 있어서 일본의 장애인에 대한 의식과 행정시책에 획기적인 영향을 끼치게 되었다.

그리고 1990년대는 한층 개혁의 시대가 되었다. 1990년에는 신체장애인복지법을 시작으로 복지관계 8개법이 개정되었고, 장애인 복지는 '정상화(normalization)'라는 이념 하에 장애가 있는 사람과 없는 사람이 함께 생활하는 지역사회 실현이라는 방향성을 확립하였다. 그래서 1993년 장애인기본법이 성립되었고, 신체 · 지적 · 정신을 기본으로 하는 3대 장애가 시책의 대상이 되어 명확하게 자리 잡게 되었다. 1995년에는 내각총리대신을 본부장으로 하는 장애인대책추진본부에 의해 장애인 플랜(정상화 7개년 전략)이 결정되었다. 그래서 2003년에는 '선택에 의한 자기결정(계약)'에 기초해서 서비스를 이용할 수 있는 지원비 제도가 시행되었으며, 2005년 성립된 장애인자립지원법으로 발전과 이행을 거쳐 장애인 복지 새 시대를 맞이하게 되었다.

이처럼 장애인 복지(시책 · 제도)는 착실히 발전해서 해마다 충실하게 변화하고 있다. 이와 관련해 요즈음 시각중복장애 아동과 성인(시각장애와 그 외의 장애를 중복해서 갖고 있는 자. 주로 시각장애와 지적장애의 중복)의 교육이나 복지시책에 관해서는 다음에 살펴볼 것이다. 또한 용어도 해마다 바뀌어서 부적절한 표현은 고쳐지는 추세이나 여기서 사용되고 있는 용어의 시대적 배경도 있기 때문에 당시 용어 · 표현에 따르기로 한다.

2. 시각중복장애아 교육의 변천과정

일본의 시각장애 교육은 100년 이상의 역사를 가지며, 특히 안마 · 침 · 뜸 등의 직업교육은 다른 나라에서 볼 수 없을 정도로 충실히 행해지고 있다. 그러나 맹학교에서 시각장애아 교육이 의무화된 것은 1948년이다. 더구나 지적장애 등이 있는 중복장애아 교육은 불과 전후, 즉 1945년 이후이다. 1979년까지는 그들 대부분에게 취학면제 또는 취학유예의 조치가 행해져 입학하는 것조차 허락되지 않았다. 그러나 그런 상황에서도 1950년 교토부설 맹학교에서 맹지진아의 취학에 관심을 갖고, 지능지수 70 이하의 학생 5명으로 학급을 편성했다는 기록이 남아 있다. 같은 해 이바라키공립 맹학교에서도 같은 형태의 학급 편성이 시작되었고, 그것을 시작으로 각지각처의 맹학교에 특수학급(시각장애와 지적장애의 중복장애아 학급)이 마련되고, 1953년부터 1955년까지 전국에 30개교 이상 설치되었다. 그렇지만 맹학교 내부에서는 이 아이들이 학교 교육의 대상이 되지 않고 차가운 시선을 받는 일도 적지 않았다.

제도 면에서도 1954년 맹학교 등에 대한 취학장려법이 나오는 등 장애아의 취학조건도 정비되어 맹정신지체아의 취학률은 서서히 높아졌다. 1970년에야 비로소 문부성에서 발간한 중복장애인 지도상의 자료가 중복장애 교육의 길잡이 – 맹정박아 · 농정박아란 이름으로 출간되었다. 이 책에서 "맹정박아 한 사람에 대해서, 장래 사회의 일원으로서 살아가도록 인간 형성을 목표로 교육을 하는 것은 한 가지 사회적인 책무라고 말할 수 있다……"라고 표현되고 있다. 그 후 1979년에 맹정신지체아에 대해서도 전원 취학 의무제도가 시행되어, 어떤 중도(重度)의 장애아도 교육을 받을 권리와 기회를 얻을 수 있게 되었다.

1980년대 이후 장애아 완전취학제도화에 의해 맹학교에서의 맹정신지체아 교육이 정착하게 되었다. 교육 보장의 문제는 한 획을 긋는 단계이지만, 보다 커다란 과제와 취학을 떠받치고 있는 생활과 자립 훈련의 장, 또 취학기 이후와 성인기의 생활과 취로(就勞), 그리고 사회 참가를 어떻게 해야 하는가와 같은 복지 문제로 향하게 되었다.

3. 교육에서 복지로 – 선구자들의 실천

맹학교 교육실천의 한 방편으로 아동복지 분야에 눈을 돌리면, 1958년에 국립치치부학원(사이타마현의 정신지체아 시설)이 개설되어 맹정신지체아의 보호 · 지도가 시작되었다. 이것이 일본에서의 조직적인 시각중복장애아 처우의 시작이었다. 치치부학원 창립

에 즈음해서 맹정신지체아 지도담당자에 취임했던 사람이 다다유아부(田ケ谷雅夫)였다. 그 선구자적 실천기록은 1973년 **맹정박아의 지도**(盲精薄兒の指導)라는 제목으로 출판되었다.

1950년대 맹학교의 경우 맹정박아 교육실천의 흐름을 받아들여, 맹학교 교사 니시하라 마사소쿠(西原正則, 1898~1981)가 1962년 민간 최초의 전문입소시설인 히코네학원(시가현의 정신지체아 시설)을 설립하였다. 계속해서 1963년에 시각장애인 나가타니(長谷部薰, 1903~1984)가 설립한 아오이도리학원(야마나시현의 맹아 시설)과 그 뒤를 이어 1969년 수도권에 위치한 아이코학원(치바현의 맹아 시설)에서 본격적인 수용이 이루어지는 등, 아동복지시설인 맹아 시설에서도 시각중복장애아의 처우가 시작되었다.

이처럼 시각중복장애아에 대해서는 특수교육의 충실·발전 그리고 의무화와 함께 취학이 진행되어, 이를 촉진하는 형태로 복지적 처우의 장이 확대되어 왔다.

4. 점에서 선으로 – 시각중복장애인 복지의 새 시대

맹정신지체인(성인) 처우에 대해서는 1950년대까지는 완전히 방치되어 있었다. 비록 의무교육을 끝냈다고 해도 형식적일 뿐이고, 결국은 집에 방치된 상황으로 전문적 처우가 없는 상태가 계속되고 있었다.

그러던 중에 시설 처우의 필요성이 제기되어 맹학교 중복장애아 교육이 고양되는 것과 때를 같이하여, 교육실천과 아동복지시설에 대한 대응이 시작되었던 1950~1960년대는 '맹정신박약아', '맹정박아'라는 호칭으로 불렸으며, 교사들과 같은 실천가들의 노력과 함께 부모운동과 열정이 중요해졌다. 부모는 취학권을 획득한 것만으로는 안심할 수 없었으며, 계속해서 성인기의 문제가 기다리고 있었다.

여기서 시각중복장애아 부모운동에 대해서 언급하고자 한다. 맹정신지체아를 둔 부모들이 행해 왔던 운동으로는 1966년 오사카, 1970년 도쿄 그리고 동서(東西)에서 전후(前後)로 결성된 '빛의 모임'(맹정신지체아를 둔 부모 모임)의 활동이 거론될 수 있다. 조직화와 실태조사를 통해서 취학·시설정비에 관한 요구를 가지고 행정당국과의 끈질긴

교섭을 통해 취학과 시설정비 등 가족으로서의 바람을 실현시켜 왔다.

그리고 오늘날 시각중복장애인 복지의 선각자로 일컬어지는 아키모토 우메키치(秋元梅吉, 1892~1975), 가토 이치로(加藤一郎, 1905~1984), 나카미치 요구히라(中道益平, 1907~1978)라는 시각장애인 3인의 업적을 언급하고 싶다.

아키모토는 도쿄 히카리노이에(도쿄도)의 설립자로서, 전쟁 전부터 생활에 어려움을 겪는 시각장애인들에게 숙소를 제공하는 사업을 시작하여 1955년에 구호시설로서 인가를 받았다. 시설 이용자는 중복질병·장애가 있는 사람들이 포함되었다. 아키모토의 사업은 그 후, 나중에 진술하게 될 아사히가와갱생원, 신세이원이라는 시각중복장애인 처우를 위한 전문시설로 정비의 방향을 돌리게 된다.

정책 결정을 통해 정비가 되기 이전에는, 장애인은 구빈(救貧)사업 대상으로 생활보호법 시설에서 혼합 수용의 형태로 장애 유형에 따른 구분 없이 처우되고 있었다. 실태는 분명하지 않지만, 전국에 있는 구호시설에서 갈 곳 없는 시각중복장애인의 입소가 가능해짐을 상상할 수 있게 되었다. 도쿄 히카리노이에보다는 다소 늦었지만, 이와 동일한 구호시설인 케이메이원(치바현)이 1964년에 가토에 의해 설립되어 취로나 사회자립이 곤란한 시각장애인의 수용처가 되었다.

또한 나카미치는 사회자립이 어려운, 말하자면 '중복장애가 있는 시각장애인'의 취로(수산)사업(신체적·정신적 장애로 취업능력에 제약이 있는 요보호자에 대하여 취로나 기능취득에 필요한 편의를 제공하고 경제적 자립과 안정을 지원하는 사회복지사업 ─ 역주)에 착수해, 1966년에 시각중복장애인 전문시설 제1호로서의 코도원 라이트센터(후쿠이현의 신체장애인 수산시설)가 탄생하였다. 나카미치가 설립한 코도원은 그 후에 라이프트레이닝센터(후쿠이현의 중도 신체장애인 갱생원호시설), 라이트호프센터(후쿠이현의 중도 신체장애인 갱생원호시설) 등 넓은 범위에 걸쳐 맹정신지체인과 맹농인, 그 외 중복장애인을 수용하는 시설 단체를 정비시켜, 말하자면 일본의 '시각중복장애인에 대한 시설 처우의 메카'가 되었다.

아동복지의 경우 다다유아부, 니시하라 마사소쿠, 나가타니, 아키모토 우메키치, 가토 이치로, 나카미치 요구히라 등 선각자의 실천이 계기가 되어, 이어서 부모와 맹학교 교사들의 운동, 그리고 시설정비를 추진하는 국가의 장애인 복지시책이라는 조건을 기초로 시각중복장애인의 생활이나 훈련, 취로의 장이라는 기운이 관계자들 사이에서 널리 퍼져 결실을 맺게 되었다.

1969년에 히코네 청년기숙사(시가현의 정신지체인 갱생시설), 1973년에 아이메이원(히로시마현의 중도 신체장애인 갱생원호시설), 고히라 복지원(도쿄도의 정신지체인 갱생시설), 1974년에 아사히가와카 갱생원(현 히카리노이에에이코우원, 도쿄도의 중도 신체장애인 수산시설), 1976년에 아오이토리 성인기숙사(야마나시현의 정신지체인 갱생시설), 1979년에 다이니후몬가기숙사(홋카이도의 정신지체인 갱생시설), 같은 해에 신세이원(현 히카리노이에에신세이원, 도쿄도의 중도 신체장애인 갱생원호시설) 등이 1970년대에 개설되었지만, 모두 시각중복장애인 전문시설이라는 점을 내세워 설립되었다는 특징이 있다.

시각장애와 지적장애가 중복된, 즉 1970년대까지 맹정신지체라고 불리던 것의 임상의 모습을 지닌 대상에 대해서는, 여러 단체에 의한 실태조사를 통해 교육, 복지 면에서 독자적인 시책의 필요성이 확실히 인식되었다. 그러나 한편으로는 지적장애 이외의 장애를 동반하는 시각장애인도 특별한 사회적 지원이 필요하다는 점에서는 같은 것으로, 그것을 포함하는 '시각중복장애'라는 용어로 통일하려는 움직임이 일본 맹중복장애인복지시설연구협의회의 조직화로 향하고 있다.

이처럼 시각중복장애 아동과 성인을 입소대상으로 하는 전문시설이 계속해서 생겨나는 가운데 관계시설 지원자가 시각중복장애인을 적절히 처우하는 방법을 두고 '연수·교류의 장'의 필요성에 대한 목소리가 커졌다. 즉 '점'으로서 각지각처에 존재하는 복지실천을 '선'으로 연결시키자는 부름인 것이다.

1980년 가을, 처음으로 연수·교류회를 히코네기숙사(시가현)에서 개최하고, 6개 시설이 참가함으로써 당초에 '맹중복장애인복지시설연구협의회'라는 명칭으로 발족하기에 이르렀다. 1982년에 참여시설이 13개 시설로 늘고, 1984년에는 조직의 명칭을 '일본 맹중복장애인복지시설연구협의회'로 개명해서 한때는 28개 시설이 참여했으나, 2011년 현재 22개 시설이 참여하고 있다.

결성 후 30년간 매년 1회, 실천보고를 중심으로 하는 연구대회를 개최하기도 하고, 겸해서 욕구(needs) 실태 파악을 먼저 결정하자는 목소리에 의해 1985년에 "시각중복장애인 복지시설"이라는 제목으로 실태조사 보고서를 제출했다. 또 1989년에는 후지기념재단의 지원을 받아 가맹시설의 지원자들이 직접 제작한 **시각중복장애인** 복지 핸드북을 발행해, 교육·복지 현장과 행정관계자에 이르기까지 널리 알리는 기회가 되었다.

5. 장애인 자립지원법과 시각중복장애인의 복지

장애인 시책 대상은 장애의 정도가 경도(輕度)에서 중도(中度)로 진행되어, 장애가 무거운 사람들의 문제는 등한시하는 경향이 있었다. 시각중복장애인도 예외가 아니었다. 그것과 동일하게 시각중복장애인의 경우 세 가지 상이한 법률(신체장애인 복지법·정신지체인복지법·생활보호법)에 따라 편의상 또는 긴급대피할 수 있는 시설로 입소 조치가 이루어져 왔음을 지금까지 살펴보았다. 중복장애(예를 들어 시각과 지적)를 대상으로 규정된 법률이나 시설도 없었다.

그리고 시각중복장애인처럼 시각과 지적장애, 그 밖의 수반된 장애가 중복될 경우, 그 장애는 상승작용에 의해 보다 중도(重度)화되는 경향이 있다. 게다가 성장기에 적절한 대응을 하지 못할 경우에 만들어진 장애, 즉 '2차장애'가 덧붙여져 장애는 한층 더 중도화되어 버린다. 특히 장애 발생시기가 빠를수록 시각적 경험이 없거나 적기 때문에 성장 및 발달에 필요한 시각으로부터 얻는 정보가 없어 성장 및 발달에 있어 마이너스로 작용하여 체험 부족에 의한 부적응 상태가 두드러지게 된다. 거기에 덧붙여 이해력, 판단력이 저하되어 정서장애와 적응장애의 상태에 빠지는 경우도 많다. 즉 중복장애인은 장애의 '덧셈'이 아니라 장애의 '곱셈'이 되어 버린다고 말하는 것은 이런 이유 때문이다. 대책이 미뤄지거나 뒤처지는 이유는 장애의 무거움에 덧붙여, 처우의 곤란함(유효한 지원 방법을 알 수 없다) 때문이기도 하다.

1998년 후생노동 장관 자문기관인 사회복지심의회는 "사회복지 기초구조 개혁에 있어서(중간정리)"를 발표하고, 2000년에는 개호보험제도가 시행되어, 사회복지법이 성립되어 가는 흐름 속에서 장애인 복지에 있어 역사적 전환을 맞았다고 할 수 있다. 말하자면 '부여된 복지' 제도에서 '선택에 의한 자기결정(계약)' 방식으로의 전환은 당사자부터도 커다란 기대를 갖고 맞이했다. 이는 2003년의 '지원비 제도'의 발족이 되었다. 그래서 2004년 후생노동성 장애보건복지부는 "이후의 장애보건복지시책에 대해서(개혁의 커다란 디자인안)"을 발표하고, 2005년 10월 일부에서는 졸속(拙速)이 아닌가 하는 비판도 있었지만, 장애인자립지원법은 성립되었고 다음 해 4월부터 시행되었다.

'신체 · 지적 · 정신 세 가지 장애의 일원화'를 이루기 위해 만들어진 장애인자립지원법은 시책 · 제도로서 지금까지 있었던 '장애의 장벽'을 없애 버리는 획기적인 것이다. 또 장애 정도 구분 인정이라고 말하는 개별 욕구에 응하는 지원의 필요도에 착안하는 장치를 도입한 것은 제도의 허점으로 불이익을 당해 왔던 시각중복장애인 복지에 있어 커다란 진전을 이루었다.

시각중복장애인 문제를 대하는 방법에는 제도의 '허점' 혹은 '좁은 틈'의 존재를 고쳐야 한다는 주장이 있었지만, 장애인자립지원법에 의해 '시책의 일원화'를 계획함으로써 그 문제는 일단락되었다. 그러나 이념과 실제의 간격은 그렇게 간단하게 해결될 리가 없고, 현실에서는 장애 유형에 따라 생각이 달라서 당사자, 사업자의 조직은 '일원화'되지 않았다. 이후 시각중복장애인 복지 서비스의 일환으로, 일본 맹중복장애인복지시설 연구협의회 활동은 어떤 문제의식으로 결집해 갈 것인가를 물어볼 수 있다. 또 시각중복장애인의 지원 · 서비스에 대해서는 시각중복장애인 장애 특성을 충분히 이해하는 것과 더불어, 전문적인 지원자 육성 및 서비스가 가능한 기관 · 시설 · 지역이 향후 필요할 것으로 보인다.

제2부

—

시각중복장애인이란

1. 시각중복장애

장애인 지원을 위해서는 '장애'에 대한 이해가 요구된다. 장애를 지원할 수 있다, 없다라는 관점에서뿐만 아니라 어떤 지원을 하면 본인이 원하는 바를 이룰 수 있을까 하는 지원의 시점이 중요하다. 장애가 있는 사람을 지원한다는 것은 일방적으로 무엇인가를 해주는 것이 아니라 더불어 풍족히 살아갈 수 있도록 하는 것을 목표로 한다.

시각중복장애인(the multiple handicapped blind)은 시각장애와 다른 장애를 같이 가지고 있는 사람을 총칭하는 용어로 사용되고 있다. 시각장애에 지적인 장애가 있는 사람(맹 · 지적), 시각장애에 청각장애가 있는 사람(맹농), 시각장애에 상 · 하지 장애가 있는 사람(맹지체) 등 시각장애에 다른 장애가 있는 사람 모두를 포함한다. 정의에 의하면 "시각중복장애인이란 시각장애와 그 외의 장애를 중복해서 갖고 있기 때문에 일상생활과 사회생활에 지장이 생겨 무언가 특별한 지원을 필요로 하는 상태에 있는 것을 말한다"고 할 수 있겠다. 다음은 장애에 대해서 알아보기로 한다.

2. 장애를 어떻게 생각하는가?

(1) 국제장애분류(ICIDH)

장애에 관한 국제적인 분류는 지금까지 세계보건기구(WHO)가 1980년에 발표한 WHO **국제장애분류**(International Classification of Impairment, Disabilities, and Handicaps, ICIDH)에 따랐다. 1980년의 분류에서는 장애에 대해서 세 가지 개념으로 규정하고, 각각에 관해 다음과 같이 분류하고 있다.

- 기능장애(impairment) : 심리적, 생리적, 해부학적 구조 또는 기능의 무언가를 상실 또는 이상(異常)
- 능력장애(disability) : 인간으로서 정상적인 방법이나 범위에서 활동해 가는 능력이 (기능장애로 인해) 무언가 제한되거나 결여됨
- 사회적 불리(handicap) : 기능 저하나 능력 저하의 결과로서, 개인에게 생긴 불이익에

있어 그 개인이 정상적인 역할(연령, 성별, 사회문화적 역할)을 수행하는 데 제한받거나 방해받는 일

(2) 국제생활기능분류(ICF)

2001년 세계보건기구(WHO)는 국제장애분류(ICIDH)의 개정판으로서, **국제생활기능분류**(International Classification of Functioning, Disability and Health, ICF)를 새로이 채택했다. 지금까지 국제장애분류(ICIDH)가 마이너스적인 면을 분류하는 사고방식을 중심으로 생겨난 것임에 반해, 국제생활기능분류(ICF)는 생활기능이라고 하는 플러스적인 면을 분류하는 시점으로 전환했다. 이에 더해 환경인자 등의 관점을 추가하였다(그림 2-1 참조).

인간의 생활 기능과 장애에 관해서 '심신기능 · 신체구조', '활동', '참가'라는 세 가지 차원 및 '환경인자' 등 영향을 미치는 인자로 구성되어 있다. 장애라는 현상을 개인 문제로 인식하는 '의학모델'과, 장애를 중심으로 사회에 의해 만들어진 문제로 간주하는 '사회모델' 측면에 기초하고 있다. 즉 장애가 인간과 환경의 상호작용이라는 '상호작용 모

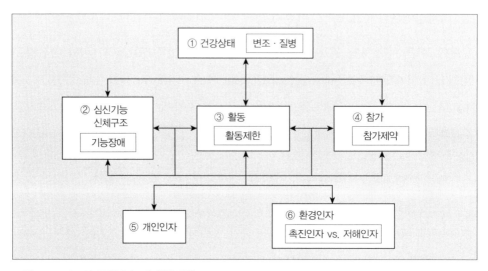

그림 2-1 ICF의 구성요소 간 상호작용
출처 : 후생노동성 2002년 작성.

델' 관점에 입각해서 한층 다원적인 접근을 할 수 있게 되었다.

① 건강상태

질병(病) · 변조(變調) · 장애 · 외상 · 임신 · 고령 · 스트레스 · 선천성 이상 · 유전적 소질 등의 상황을 포함하는 심신상태를 이른다.

② 심신기능 · 신체구조

심신기능이란 생리적 기능과 심신적 기능을 말하며, 신체구조란 신체의 해부학적 부분을 가리키고, 기능장애란 심신기능의 의학적 · 생물학적 상태에 관한 문제를 나타낸다.

③ 활동

과제나 행위의 개인적 수행을 의미하며, 활동제한이란 개인이 활동을 행할 때 생기는 곤란함을 의미한다.

④ 참가

생활 · 인생 장면의 관련을 의미하며, 참가제약이란 개인이 무언가의 생활 · 인생 장면과 관련해서 경험하게 되는 곤란함을 의미한다.

⑤ 개인인자

연령 · 성별 · 인종 · 라이프스타일 · 습관 · 생육력(生育曆) · 직업 · 성격 · 심리적 자질 등을 말한다.

⑥ 환경인자

- 일상생활도구부터 공공건축까지
- 기후 · 자연재해부터 인공재해까지
- 가족 · 친척부터 전문가 지원까지
- 사회적 규범부터 전문가 태도까지
- 민간서비스부터 매스미디어 · 정치 · 사법 · 교육 · 보건 · 개호 서비스 · 사회보장까지

3. 시각중복장애인의 지원이념

장애는 '개성이다'라는 표현이 있다. 장애는 특별한 상태가 아니라 인간 각자가 지닌 특징이라는 의미이다. 또 개성의 하나로 해석하는 일도 있다고 말한다. 그것은 유전적 요인에 의해 규정된 '기질', 유아기까지 형성된 '기성(氣性)', 생활환경에 의해 변화하는 '역할성격'이라고 말하며, 장애도 마치 성격의 구성과 유사하다는 것이다.

이로부터 장애에 대한 대응은 본인의 출생부터 현재까지 생활력(生活歷)을 고려한 환경을 정리해서, 그 사람다움의 가능성을 끌어내는 것을 기본으로 한다. 또한 일찍이 케이가 카즈오(系賀一雄, 1914~1968, 1946년 근강학원 설립)는 '이 아이들을 세상의 빛으로'라고 하고, 장애가 있는 사람이 주체적으로 살아갈 수 있는 사회의 존재 방식을 주장했다.

우리는 장애가 있는 상황을 받아들여 '개인의 생각'을 실현시키고, 의미 있는 생활을 보낼 수 있도록 지원하는 일이 중요하다. 그리고 다음에 설명하겠지만, 기본적으로 시각중복장애인의 지원 방식에 대해서는 다음과 같이 말할 수 있다.

(1) 기본적인 장애 특징을 파악하기

시각장애 …… 정보 인지에 제한이 있다(시각에 의한 인지능력은 약 80%라고 말한다). 이 때문에 시각에 의지하지 않는 시각대행 재활 발상이 필요하다.

청각장애 …… 정보 인지에 제한이 있다.

지적장애 …… 판단능력, 사고능력에 제한이 있다.

지체장애 …… 목적행동능력에 제한이 있다.

(2) 장애가 중복되어 있는 상황을 파악하기

전술한 바와 같이 사물을 인지하는 데 시각이 담당하는 역할은 중요하다. 따라서 시각장애에 청각장애, 지적장애, 지체장애를 동반하는 상황은 생활 행동상에 현저한 지장을 가져온다.

(3) 지원방법을 본인의 상황에 맞게 하기

장애의 중복에 따라 그 상황이 개별적으로 크게 달라질 수 있다. 각각의 상황을 객관적으로 파악한 뒤에 모니터링을 실시하고 지원 목표를 결정하여 구체적인 방법을 정한다.

지원은 장애가 있는 사람들을 이해하는 것에서 시작해서 얼마나 그 사람들의 생각을 받아들이는가가 중요하다. 그것에 따라 목적과 그 효과가 분명히 다른 결과로 나올 뿐만 아니라 지원 그 자체가 보다 효과적인 것이 될 수 있다.

4. 시각장애란

시각은 정보를 동시적, 연속적으로 파악할 수 있는 편리한 감각기관이다. 외부세계로부터 정보의 80% 이상을 시각을 통해 얻을 수 있다고 한다.

(1) 눈의 활동

외부세계로부터 빛은 각막 → 동공 → 수정체 → 초자체를 통해서 망막에 도달한다. 정상적인 눈은 이 빛이 망막 중심에 상을 맺는다.

(2) 시각장애

시각장애란 시력(물체의 형태를 인식하는 기능), 시야(눈을 움직이지 않고 볼 수 있는 범위), 색각(색을 감지하는 기능) 등의 시기능이 충분하지 않기 때문에, 안경이나 콘택트렌즈 등을 사용해도 전혀 볼 수 없거나 보기 어려운 상태를 말한다.

'신체장애인 복지법 별표'에서는 시각장애를 다음과 같이 규정하고 있다.

> ① 양안의 시력이 각각 0.1 이하인 경우
> ② 한쪽 눈의 시력이 0.02 이하, 다른 쪽 눈의 시력이 0.6 이하인 경우
> ③ 양안의 시야가 각각 10도 이내인 경우
> ④ 양안에 있는 시야의 1/2 이상이 결여되어 있는 경우

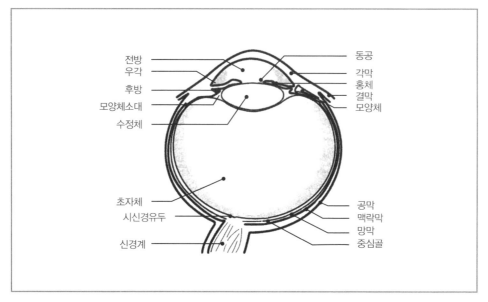

그림 2-2 안구의 구조

출처 : '눈의 구조와 역할' — 바슈롬 EYE백과 홈페이지.

또 시각장애 정도에 대해서는 '시각장애 정도 등급표'와 같이 구분되어 있다(표 2-1 참조).

시각장애의 원인이 되는 주요 안질환은 당뇨병 망막증, 백내장, 녹내장, 망막색소변성증이 상위를 차지하고 있다.

① 굴절 이상

근시는 안축의 길이에 비해서 망막과 수정체의 굴절이 강해서 망막 바로 앞에서 초점을 맺는 것을 말한다.

원시는 안축의 길이에 비해 각막과 수정체의 굴절력이 부족하기 때문에 상이 망막 후방 외에서는 초점을 맺지 못하는 것을 말한다.

난시는 원시나 근시와 다르게, 외부로부터의 빛이 하나의 점으로서 초점을 맺지 못하는 것을 말한다.

표 2-1 시각장애 정도 등급표

급별	시각장애
1급	양안 시력의 합(교정시력)이 0.01 이하인 경우
2급	1. 양안 시력의 합이 0.02 이상 0.04 이하인 경우 2. 양안 시야가 각각 10도 이내이고, 또 양안에 의한 시야에 대해서 시능률에 의한 손실률이 95% 이상인 경우
3급	1. 양안 시력의 합이 0.05 이상 0.08 이하인 경우 2. 양안 시야가 각각 10도 이내이고, 또 양안에 의한 시야에 대해서 시능률에 의한 손실률이 90% 이상인 경우
4급	1. 양안 시력의 합이 0.09 이상 0.12 이하인 경우 2. 양안 시야가 각각 10도 이내인 경우
5급	1. 양안 시력의 합이 0.13 이상 0.2 이하인 경우 2. 양안에 의한 시야의 1/2 이상이 결여되어 있는 경우
6급	한쪽 눈의 시력이 0.02 이하, 다른 쪽 눈의 시력이 0.6 이하로서, 양안 시력의 합이 0.2를 넘는 경우

② 사시

사시란 양안의 시선이 동시에 물체를 향하지 않는 것을 말한다.

③ 고도 근시

안구가 비정상으로 발육하여 커지고, 그 때문에 안저의 망막이나 맥락막이 연장되어 위축 혹은 변성을 일으키며, 도수가 있는 안경을 착용해도 시력이 좋아지지 않는 것을 고도 근시라고 한다. 여기에 외압이 더해지면 망막에 균열이 생겨 곧 박리되어 시각장애를 초래한다(망막박리). 일상생활에서 타박이나 강한 진동이 미치지 않도록 주의할 필요가 있다.

④ 당뇨병 망막증

당뇨병에 걸려서 혈당치가 높은 상태가 지속되면, 망막에서 출혈이 생기고 침출물이 축적된다. 또 다시 진행되면 망막의 혈관이 폐쇄되어 초자체 안에 출혈이 생겨 망막박리를 일으키고, 실명에 이르게 된다.

⑤ 각막혼탁

발육장애나 태아기에 각막의 염증·선천성 각막변성·외상·약품류의 혼입(混入)·안쪽으로 난 속눈썹 등 여러 가지 원인으로 각막이 탁해져서 시력이 저하된다. 혼탁이 약하면 주로 난시가 있기도 하며, 원추각막에서는 콘택트렌즈를 착용하면 시력이 상당히 회복된다. 또 혼탁이 심해도 안저의 장애가 적으면 각막이식이 효과적이며, 이식을 받기 위해서는 안구은행에 등록하면 된다.

⑥ 백내장

동공 바로 뒤에 있는 수정체가 탁해지는 질환이며, 백내장이 진행되면 동공이 희고 탁하게 보인다. 백내장은 선천적인 것과 후천적인 것이 있는데, 후천적인 노인성 백내장이 가장 많다. 수정체 혼탁은 주변부, 중심에서 후낭·핵과 여러 곳으로부터 생겨나는데, 시력 장애가 심한 곳은 후낭 혼탁이나 핵 혼탁으로서 일찍부터 시력저하를 호소하게 된다.

⑦ 녹내장

하나는 '개방우각 녹내장'으로 초기에 아무런 증상이 없다가, 진행되어 가면서 눈이 피곤해지고, 때때로 안개처럼 보인다. 전구나 라이터 불 주위에 무지개가 생기는 증상이 자주 나타나기도 하여 시야이상(코 쪽 아래가 보이지 않고, 중심보다는 바깥쪽에 암점이 있는 등)을 느끼게 된다. 계속해서 진행되면 중심 시야만 남고 결국 그것마저도 없어져 실명한다.

최근 역학조사에 의하면 안압은 정상범위(10~20mmHg)임에도 불구하고 시신경유두나 시야 이상이 전형적으로 생기는 녹내장, 말하자면 정상 안압 녹내장(저안압 녹내장)이 가장 많음을 알 수 있다. 이 녹내장은 안압의 측정만으로는 발견되지 않아 안저검사, 특히 시신경유두부의 소견이 가장 중요하다.

또 하나는 '폐쇄우각 녹내장'으로, 안압이 상승하여 급격한 시력저하, 안구통, 두통, 메스꺼움, 구토 등이 있고, 결막에 심한 출혈이 보인다. 심한 두통, 메스꺼움, 구토 때문에 신체 다른 부분의 질병으로 생각해 신경외과나 내과에서 진단받는 경우도 있다. 신생아나 영유아에게는 선천성 녹내장(우안)이 있고, 각막경화대, 각막혼탁, 현기증, 유루(流涙, 눈물을 계속 흘림)나 사시 등으로 착각하는 일도 있다.

⑧ 망막색소 변성증

눈 안쪽 망막이 서서히 변성되어 손상되는 유전성 질병이다. 유년기부터 야맹, 시야협착이나 시력장애를 일으킨다. 안저망막에 특유한 병변이 보인다. 망막 색조는 회백색이고, 곳에 따라 색소가 굳어지는 것이 보이며, 망막혈관에도 이상이 보인다. 장기간에 걸쳐 서서히 진행되며, 시야결손, 시야협착을 일으킨다. 시야는 중심만을 남기고 현저하게 협착되어 마침내 실명하게 된다.

⑨ 시신경위축

시력저하, 시야 이상이 주요한 증상이다. 색각 이상도 일어난다. 안저검사에서 보면 시신경은 창백하게 되어 있다. 시신경의 외상·염증·변성질환·종양 등 시신경의 병변만이 아니라 주위 조직으로부터 시신경의 압박, 시신경 혈관 병변, 망막질환 및 녹내장 등에 의해 시신경이 변성 위축되고, 그 기능을 상실한 상태이다.

⑩ 미숙아 망막증(후수정체 섬유증식증)

망막 혈관은 태아 15주경 발생해 40주경에 완성된다. 발육과정상의 미숙아에게는 급격한 환경 변화에 의해 혈관선단부에 비정상적인 성장이나 증식을 일으키며, 진행되면 망막박리가 된다. 출생체중 1,300g 이하의 아동이나 출생체중 1,800g 이하에서 보조적으로 산소를 사용한 아동은 안저검사를 행할 필요가 있다. 대부분은 자연적으로 좋아지지만, 좋아지지 않을 경우 광응고나 망막박리에 대한 수술이 필요한 경우가 있다.

(4) 안질환에 관한 유의점

① 망막박리

심한 충격을 눈에 주지 않도록 한다.

> 망막박리를 일으킬 가능성이 높은 안질환
> → 고도근시, 선천성 백내장, 소안구, 미숙아 망막증, 선천성 녹내장(우안) 등

② 눈부심 호소

가능한 한 정면으로 태양 빛을 보지 않도록 한다.

> 눈부심을 호소하는 안질환
> → 망막색소변성, 백내장, 각막 혼탁, 유리체 혼탁 등

③ 저혈당 상태

각설탕, 엿 등을 녹여 먹으면서 편히 쉬게 한다(30분 정도로 나아진다).

> 당뇨병 망막증이 있는 사람으로 혈당 조절 상태가 좋지 않을 경우, 저혈당 상태가 되는 일
> 이 있다. 저혈당 상태의 징후로 츄잉껌 같은 달고 새콤한 입냄새, 식은땀, 간단한 질문에
> 도 답하지 못하는 상태 등이 있다.

5. 뇌의 기능

여러 가지 원인에 의해 뇌에 장애를 갖고, 그 결과로서 적응 행동을 능숙하게 할 수 없었던 발달장애의 하나가 지적장애이다. 지적 기능을 담당하는 곳은 대뇌의 여러 장소로 분산되어 있어 손상된 장소에 따라 지적 기능의 제한이 나타나는 방식이 다르다. 대뇌는 전두엽, 두정엽, 후두엽, 측두엽으로 나뉘어 있는데, 각각 다른 역할을 하고 있다.

　행동은 뇌의 기질적 장애로 인한 영향을 전면적으로 받고 있는 것은 아니고, 환경 등과의 연관 속에서 형성된다. 다동이나 충동적 행동의 접근으로서, 본인에게 알맞은 환

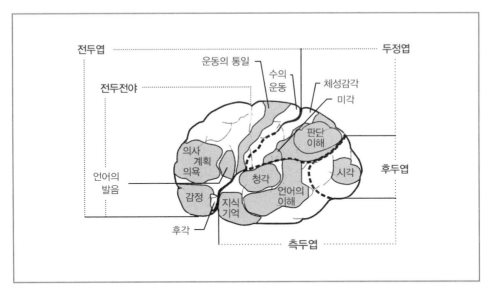

그림 2-3 뇌의 구조와 작용

경정비가 필요하다.

(1) 전두엽

전두엽에는 운동에 관한 명령을 내리는 '운동영역'이 있고 이 부분에 장애가 발생하면, 장애 부위에 대응하는 운동기관에 마비가 생긴다. 또 자발성, 창조성, 사고 및 판단력, 정신적 충격에 대한 감정, 인격 등과 깊이 관련된 기능이 있다. '브로카 중추'로 불리는 운동성 언어 분야도 담당한다.

(2) 두정엽

두정엽에는 '체지각영역'이 있어 피부나 근육으로부터 자극이 이 부분에 전달되어 지각된다. 장애를 얻은 부위에 대응해서 상지·하지체·안면 혹은 몸의 기관 등에 감각둔마(鈍磨)나 감각과민이 생긴다. 또 대뇌피질 상호 간의 연결을 이루는 연결영역으로서의 역할을 하며, 정신의 복잡한 활동이나 복잡한 행동에 관계한다.

(3) 후두엽

후두엽은 시각에 대한 작용의 중추와 관련이 있다. 이 부위에 장애가 일어나면 시야나 색각에 이상이 인지된다.

(4) 측두엽

측두엽에는 귀에서 소리 자극을 받아 말을 이해하거나 음악을 즐기거나 하는 중추가 있다. 또 측두엽에는 후각과 미각 중추가 있다.

6. 지적장애

지적장애는 "지적 기능의 장애로서 발달기(대체로 18세까지)에 나타나, 일상생활에 지장이 생기기 때문에 특별한 지원을 필요로 하는 상태에 있는 것"을 말한다. 여기서 '지적 기능의 장애'는 '표준화된 지능검사(웩슬러식 지능검사, 다나카비네 지능검사)에 의해 측정된 결과, 지능지수가 대체로 70까지의 상태'를 기준으로 하고 있다. 지적장애의 정도는 지능검사에서 측정된 IQ에 의해 분류된다. IQ 85 이상이 정상, IQ 70~85가 경계, IQ 50~70이 경도, IQ 25~50이 중등도(中等度), IQ 25 이하가 중도(重度)가 된다. 또 '일상생활의 지장'이란 일상생활능력(자립기능, 운동기능, 의사교환, 탐색조작, 이동, 생활문화, 직업 등)의 도달 수준을 종합적으로 같은 연령의 도달 수준과 비교해서 판정한다.

(1) 지적장애의 원인

원인에 대해서는 확실하게 정의하기 어려운 경우가 많지만, 미국 지적장애인협회는 지적장애의 원인에 대해서 다음과 같이 분류하고 있다.

① 감염증과 중독증(선천성 풍진, 임신중독증 등)
② 외상 혹은 물리적 원인(출생 전·후의 뇌손상, 저산소증 등)

③ 대사 혹은 영양 장애(단백질 등의 대사 이상, 영양 장애 등)

④ 출생 후에 일어난 조대뇌(粗大腦)질환(신경섬유종증 등)

⑤ 분명치 않은 출생 전 원인(무뇌증 등의 대뇌 기형 등)

⑥ 염색체 이상(다운증후군 등)

⑦ 주생기(周生期) 질환(저체중아 등)

⑧ 정신의학적 장애(정신병 등)

⑨ 환경의 영향(심리 · 사회적 나쁜 상황 등)

⑩ 기타

원인 중에 유전병이 차지하는 비율은 1% 이하로 알려져 있다. 그중에 유명한 병으로 페닐케톤뇨증(phenylketonuria)이 있으며, 또 염색체 이상의 하나로 다운증후군이 있다.

(2) 지적장애의 특징

개개인마다 개성이 다르지만, 기본적인 특성의 이해를 높이기 위해서는 다음 8개의 특징을 거론할 수 있는데, 이 같은 행동 특징에는 지적장애인이 원래부터 가지고 있던 특징 이외에도, 환경의 힘에 의해 후천적으로 만들어진 것이나 원래 가지고 있던 것이 환경의 힘에 의해 강화된 것도 있다.

① 인지 저하로부터 오는 적응력 저하

② 판단력의 약함

③ 자율성의 약함

④ 학습에 시간이 걸림

⑤ 반복 및 고집이 있음

⑥ 의사소통을 잘하지 못함

⑦ 감성이 둔함

⑧ 감각에 이상이 있는 경우가 있음

(3) 행동장애에 대해서

지적장애인은 긴장이 고조되어 정서불안이 되면, 괴성, 충동적 웃음, 실금, 머리 부딪치기, 자해 행위 등의 부적응 행동이 생기는 경우가 있다. 제어할 수 없는 이식(異食)이나 자해, 타해 등의 행위를 볼 수 있는 경우도 있다. 이런 행동장애들은 이해나 인지능력, 의사소통 수단이 충분치 않은 경우, 주위의 상황을 잘 알지 못하는 경우나 요구를 들어주지 않을 경우의 결과로 나타나기도 하며, 환경 면에서의 조정이 필요하다.

(4) 자폐증에 대해서

자폐증이란 "3세경까지 증상이 나타나는 증후군"이라고 정의되어 있으며, 뇌의 기질적 장애가 주원인이다. 자폐증은 사회성 장애, 의사소통 장애, 상상력 장애와 그것에 기초한 행동장애의 세 가지 증상으로 진단된다.

① 사회적 상호작용(대인관계)의 질적인 장애

시선을 맞추지 못하고, 타인과의 연관성을 찾는 경우가 적다. 불러도 돌아보지 않고, 타인의 손으로 자신이 원하는 물건을 잡게 하는 등 사람을 도구적으로 취급하며, 기쁨·흥미·성취감을 사람과 공유하는 일이 적고, 상황과 타인과의 연관성을 찾는 것을 어려워한다.

② 의사소통의 질적인 장애

동일한 말을 반복하고, 독특한 말을 사용하며, 평서문인데도 말꼬리가 올라간다. 대화가 맞물리지 않고, 일방적으로 말하며, 화제가 떠 있다.

③ 행동이나 흥미가 한정되어 있어 항상 동일하고 반복적인 행동을 보인다

손을 앞뒤로 뒤집고, 손을 계속 쳐다보고, 신체를 흔든다. 얼굴을 찡그리며, 손으로 무언가를 계속 두드린다. 행동이나 습관의 패턴에 비정상적으로 집착한다. 물건의 전체가 아니라 부분에 눈을 고정시킨다.

대응방법으로는 상황을 이해시키며, 다음에 일어날 것을 미리 생각할 수 있도록 사진·그림이나 문자 등 그 사람에 맞는 의사소통 방법을 생각해 낸다.

7. 시각중복장애의 특성

시각 외에 지적 발달에 장애가 있는 경우에 관해서 설명하고자 한다. 우리는 많은 행위를 시각을 활용하여 획득하고 있는데, 시각장애가 있으면 모방을 할 수가 없어서 커다란 어려움을 겪는다. 시각장애는 선천적, 후천적인 것이 있으며, 또 개인과 보는 방식에 따라서도 다르다. 지적장애가 있으면 언어로 도와주는 것도 어렵게 된다.

언어적 이해도 개인에 따라 다르기 때문에 지원도 개인에게 알맞은 것을 찾게 된다. 시각장애와 지적장애를 중복해서 갖고 있는 경우, 그에 따른 어려움과 복잡함으로 다양한 지원을 필요로 한다. 발달 면에서 말의 발달, 개념의 파악, 현상의 이해, 운동 면 등 많은 어려움이 생긴다.

(1) 시각중복장애의 행동 특성

① 버버리즘(verbalism)

시각중복장애인은 청각에 의존해서 외부세계의 단편적인 지식을 얻을 수 있어, 통암기식으로 기억해 둔다. 행동능력보다는 언어능력이 상회하여, 물체의 형상이나 성질에 대한 설명은 잘할 수 있어도 실태를 동반하지 않는 실천 장면에서는 역할을 하기 어려운 경우가 많다.

> ㉿ 색채에 관해서 이해할 수 없는 선천성 시각장애인이 '흰 구름'을 보고 왔다고 표현한다. '소라'라는 단어를 알고 있지만 만졌던 적도 먹었던 적도 없는데, 알고 있는 것처럼 말한다.

② 블라인디즘(blindism)

대체로 시각중복장애인이 여러 가지 곤란함으로 인해 적극적인 의욕을 상실해 버리는 일이 많은 것을 블라인디즘이라고 하며, 자신의 신체를 자극해서 그 감각을 즐기는 자기 자극적인 행동을 취하는 경우를 많이 볼 수 있다.

> 예 손가락으로 눈을 누르기도 하고, 입이나 코에 넣기도 하는 일. 머리를 흔들기도 하고, 신체를 빙빙 돌리는 것 같은 행동.

(2) 시각중복장애에 따른 곤란함

① 공간과 관련된 곤란

② 전망에 관련된 곤란

③ 의사소통(말)과 관련된 곤란

④ 대인관계와 관련된 곤란

시각중복장애로 인한 곤란함에 대해 설명하면 시각장애 때문에 시각으로부터 들어오는 정보가 제한되어 환경을 인지하는 데도 제한이 생기고, 그 때문에 행동에도 제약이 생기는 일이 많고, 또 주위 환경을 파악해서 어떤 식으로 행동하면 좋을지를 판단하는 데 어렵게 되는 것이다.

그래서 자신이 처한 상황이나 기분을 타인에게 알리는 것이 어렵게 되는 등, 지적장애가 가지고 있는 어려움이 보다 많이 나타난다. 이러한 어려움과 불안감보다는 고집 등이 강한 장애 특성도 많이 볼 수 있다. 곤란함으로 인해 실패 경험 혹은 욕구불만이 겹치거나, 자신감을 상실하거나, 주위 사람에게 의존하게 된다.

본인 상태에 맞는 정보의 적절한 제공과, 스트레스나 불안이 경감될 수 있는 심리 면에서의 뒷받침이 필요하다.

① 공간과 관련된 곤란

거실의 안과 바깥에서도 본인이 공간을 인식하는 기초가 되는 물건이 있다.
하찮은 물건이라고 생각되는 물건이라도 중요한 것으로 인식한다.

특히 본인이 표시한 것이 없어져서 기억이 혼란스럽거나,
공간을 알기 쉽게 표시한 것이 없어져서 불안하게 된다.

② 전망에 관련된 곤란

특히 처음 가는 장소 등, 다음에 어떤 물건이 있는가? 어떤 환경인가?
불안으로 가득 찬다.

연속된 정보수집이 필요하게 되는 장면에서는
환경 변화를 파악하는 것이 어렵고 불안하다.
변화할 때는 정보 제공이 있으면 혼란이 조금씩 없어진다.

③ 의사소통(말)과 관련된 곤란

"기다려", "조금만 더" 등,

어느 정도?의 이미지가 잘 안 떠오름…

주위의 인식이 어렵고 곤란해서 혼란을 가져오기 쉽다.

눈앞의 상황 파악이 어렵고 불안하게 된다.

"○씨는 다음 차례까지 기다려 주세요."라고

구체적으로 표현하면 안심한다.

④ 대인관계와 관련된 곤란

다양한 제한으로 특정인에 대해 보다 의존심이 강해지기 쉽다.

강하게 의존하는 사람이나 사물이 없거나, 변경 등이 있으면

혼란하고 불안하게 된다.

가능하면 사전에 설명하고 알리는 것이 중요하다.

8. 청각장애에 대하여

청각장애란 주위의 소리나 이야기를 듣기 어렵거나 거의 듣지 못하기 때문에 의사소통이나 일상생활에 지장이 있는 상태를 말한다. 청력장애 중 청력이 손실되어 들을 수 없는 경우를 농, 잔존청력이 있어 듣기가 어려운 상태를 난청이라고 말한다. 난청인의 청력 정도를 나타내는 것에는 청력 레벨이 사용되고 있다. 난청에는 외이, 중이에 장애가 있는 **전음성 난청**과 내이, 청신경, 뇌감각 중추에 장애가 있는 **감음성 난청**이 있다.

감음성 난청자의 듣기 특징으로 다음과 같은 것을 들 수 있다.

① 말하는 단어를 확실히 구분하지 못한다. 특히 모음에 비해 자음 듣기가 좋지 않다.
② 큰 소리가 쩌렁쩌렁 울려서 시끄럽다.
③ 소음 속에서 이야기 듣는 것이 곤란하다.

시각중복장애인 중에는 시각장애와 지적장애 그리고 청각장애가 함께 있는 사람도 있다. 주변과 관계를 형성하는 것이 어려워 독자적인 신호를 사용하는 등 의사소통을 위한 연구가 필요하다.

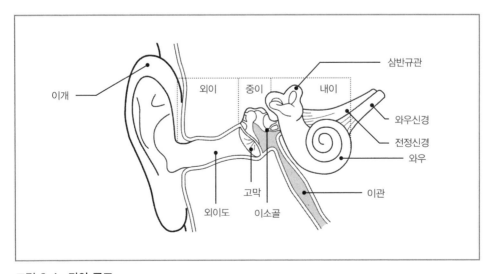

그림 2-4 귀의 구조

표 2-2 **청각장애의 데시벨 구분**

데시벨(dB)	청각장애	들리는 정도
0	난청	소곤거리는 소리
10		
20		
30	경도난청	보통의 대화
40		
50	중도난청	
60		
70	고도난청	큰 소리
80		
90		고함치는 소리
100	농	철교 밑에서 들었을 때 철도 달리는 소리
110		지하철 달리는 소리
120		
130		비행기 엔진 소리

9. 정신장애에 대하여

정신장애는 그 주된 원인에 따라 외인성, 내인성 및 심인성으로 나뉘는데, 이런 원인이 복합적인 증상으로 나타나는 경우가 많다.

내인성은 외부 환경의 영향을 받지 않고 발생한 것으로 유전적 원인이 관계하는 경우가 많고, 내인성 정신병의 대표적인 것으로는 통합실조증, 조울증, 비정형정신병, 간질 등이 있다.

외인성은 외부로부터 덧붙여진 신체적(때로는 심리적) 원인에 의해 발생하는 것으로,

일반적으로 뇌에 직접 장애를 끼치는 신체적 요인을 가리키며, 여기에는 감염장애, 중독장애, 변성장애, 외상, 대사 이상, 혈관장애 및 종양 등이 있다. 이 중에서 뇌가 1차적 장애가 되는 것을 기질성 정신병, 신체질환으로부터 뇌기능이 2차적 장애가 되는 것을 증상 정신병, 그 외에 중독성 정신병으로 분류할 수 있다.

심인성은 심리적 · 사회적 환경요인이 정신장애의 원인이 되는 것을 말하며, 심리적 요인과 증상 발생의 인과관계가 심리적 요인으로 이해 가능한 경우를 가리킨다. 심인성 정신장애에는 반응성 정신병이나 신경증, 이상(문제)행동 등이 있다. 심인성과 구별하는 것으로서 환자가 처해 있는 상황의 변화가 발병에 큰 역할을 하고 있는 경우를 **상황원인**이라고 한다.

심리적으로 작용하는 인간관계가 얽히거나, 아이가 부모에게 의존하려는 요구가 만족되지 못할 때 생기는 분리불안, 또 친한 관계 등과의 이별 또는 사별에 의한 비애 반응과 같은 상실비애 감정이 있는 시간이 계속될 때 지금까지 계속되어 온 억압 상태가 무너져 불안, 공포, 긴장이 발생하여 많은 심인성 정신장애를 일으킨다. 다음에 주요한 정신병을 살펴보자.

(1) 통합실조증

사고, 감정, 지각, 의욕 등 정신 기능 대부분의 영역에서 독특한 증상을 보이는 질병이다. 육안으로 보아 뇌 조직에 이상이 없기 때문에 원인불명의 질환이라고 생각되어 왔으며, 최근에는 뇌 형태나 기능에 이상이 발견되기 시작했다. 현시점에서는 신경 시냅스(synapse)에 있어서 정보 전달 이상이 증상과 관계되어 있다고 할 수 있다. 예전에는 정신분열증이라고 말했다. 발병 정점은 20대 전반으로 만성화하는 경향이 있다.

이병(罹病)위험률(일생 중에 발병할 확률)은 약 1%, 유병(有病)률은 0.3~0.5%(인구 1,000명당 환자 비율이 3~5명)이다. 정신병원 입원환자의 60% 정도, 외래환자의 20~30%를 차지하며, 정신질환 중에서 많은 비율을 차지한다.

(2) 기분장애(조울증)

이 질병은 이전에 조울증이라 불렀다. 기분이 우울증과 조증 사이를 순환하기 쉬워서 붙여진 명칭이다. 조울증은 3대 정신병 중 하나가 되었으며, 내인성 정신병으로서 통합실조증과 병행해서 불리고 있다. 그런데 정신 기능 전반이 장애가 된다기보다는 주로 감정이나 기분이 장애가 되고 있어 정신병이라고 하기에는 적합하지 않다는 논의가 나오고 있다.

그에 따라 명칭도 변하여 미국에서는 감정병, 국제분류에서는 기분장애가 되었다. 실제 경미한 기분장애의 경우 의료 행위 대상이 되지 않거나, 일반 진료과에서 치료를 받는 일이 많다고 알려져 왔다. 그것과 동시에 기분장애의 일종인 우울증에 대해서 일반적인 이해가 진행되어 많은 사람들이 편하게 치료를 받게 되었다. 이와 같이 경증의 경우도 있지만, 그중에는 정신병이라고 불리는 중증의 경우도 있어 기분장애는 넓은 개념으로 이해될 필요가 있다.

기분장애는 정신 기능 중에서 감정이 독특한 '방법'으로 장애가 되는 질병이다. 통합실조증과 마찬가지로 신경 시냅스에 있어서 전달 이상이 증상과 관계된다고 생각되고 있다. 기분장애에는 우울증만을 반복하는 단극형 우울증(미국에서는 대우울증, 일본에서는 단순히 우울증으로 불리는 경우가 많다.)과 우울증과 조증 양쪽에서 나오는 양극형 기분장애(마찬가지로 양극성 장애)가 있고, 전자는 후자보다 3~4배 많다. 발병은 10대 이후로, 20대와 중년기에 두 번의 고비가 있다. 이병위험률은 우울증(단극형 우울증)의 경우 여성에서 약 20%, 남성에서 그 절반 정도이다. 양극형 기분장애의 경우는 한 자리 수 적은 수치이다. 진찰과는 정신과만이 아니다. 종합병원 내과의 6% 정도가 기분장애가 있는 환자라는 보고도 있다.

(3) 비정기형 정신병

증상은 분열적 증상과 조울증적 증상이 혼합된 것으로, 경미한 의식혼탁을 생각하게 하는 몽환 상태나 착란 상태가 나타난다. 발병의 계기로서 심리적 스트레스 혹은 신체적 부조(不調)가 관계되는 경우가 있다.

(4) 신경증성 장애 · 스트레스 관련 장애 · 신체표현성 장애(신경증)

이들 장애는 이전에 신경증으로 불렸던 것이다. 신경증이란 ① 몸의 조직에 이상은 없고 (즉 기질적 이상은 없고), ② 신체 면이나 정신 면의 증상은 있으며, ③ 심리적 원인이나 성격적 원인이 있는 것이 특징이다.

독일에서는 노이로제(neurose)라고 불리고 있다. 노이로제라는 말은 일본어라고 상당 기간 알려져 여러 가지 의미로 사용되어 왔으나, 본래는 신경증이다. 최근 정신 질환을 자세하게 분류하는 경향이 있어 이전의 신경증도 신경증성 장애, 스트레스 관련 장애, 신체 표현성 장애로 나뉘었다. 여기서는 개별적으로 분류된 질병의 증상을 기록하고, 치료에 대해서는 마지막으로 정리한다.

신경증의 특징 중 첫 번째 특징은 기질적 이상이 없다는 것이다. '심장이 두근두근하고, 죽을 것 같은 불안이 있다'는 증상은 강하게 자각하지만, 심전도에서는 아무런 이상이 발견되지 않는다. 본인은 강하게 증상을 자각하고 있어서 결코 신체가 틀림없이 좋지 않다고 믿는 것도 무리가 아니다. 하지만 신체에 이상이 없어도 뇌 속에는 무언가 문제가 있을 수 있다는 것이 최근 알려진 사실이다. 심리적 질병이라는 이해에서 뇌신경의 작용과 관계있을지도 모른다는 이해로 진행되고 있다.

두 번째 특징은 신체 면, 정신 면에서의 자각 증상이 강하다는 것이다. 신체 면에서의 자각이 강해서 증상에 따라 여러 가지 진료과에서 진찰받는 경향이 있다. 예를 들어 현기증을 느끼고 이비인후과에 갔던 적이 있다거나, 또 정신적인 면에서의 증상, 특히 불안감이 강해서 참을 수 없다고 느껴 자신이 정신병이 아닐까 하고 불안해하는 경우도 많다.

세 번째 특징은 발병에는 심리적으로 생기는 성격적 경향과 관계되어 있다는 것이다. 신체 변화에 민감한 사람이 가까운 집안의 중병이나 사망에 접했을 때, 자신도 같은 병에 걸리는 것은 아닐까 하는 불안으로 유사한 증상을 강하게 느끼게 된다는 것이다. 아무것도 없는데 질병이 악화되는 일은 없다.

신경증 중에 가장 중요한 증상은 불안이다. 불안은 사람이 곤란한 상황이나 앞이 불분명한 상황에 빠졌을 때 체험하는 지극히 일반적인 정신상태의 변화이다. 불안이 반드시 유해한 것은 아니다. 불안이 있어서 사람은 곤란에 대처해서 진보해 간다고도 말할 수 있어, 우리의 생활에 있어 없어서는 안 되는 것이다. 그러나 불안이 지나치게 높아지면, 여러 가지 신경증성 장애 등에 걸리기 쉬운 상태가 될 수 있는데, 말하자면 양날의 칼과 같은 것이다. 이 같은 점에서 자못 인간다운 질병이라고 말할 수 있다.

(5) 심신증

어떤 질병이라도 마음과 신체 양쪽에 영향을 끼친다. 정신 질환에서는 식욕이나 수면이라고 하는 신체 면에서 미치는 영향을 우선 피할 수 없는 것이고, 역으로 신체 질환에 관련되는 경우에도 치료할지 말지 하는 걱정이나 치료되지 않을지도 모른다는 불안이 크거나 작거나 따라간다. 그래서 신체 질환 중에는 그 사람의 성격이나 환경이 발병이나 경과에 강한 영향을 주는 경우가 있다.

예를 들어 십이지장궤양은 스트레스의 영향을 받아 재발하기가 쉽고, 심근경색은 A유형이라고 불리는 성격(경쟁심이나 성공에 대한 열망이 강하고, 정력적이며 성급한 성격)의 사람이 걸리기 쉽다고 말하곤 한다. 이처럼 신체 질환에 있어서 그 진단이나 치료에 심리적 요인을 생각하지 않으면 안 되는 상태를 심신증이라고 부르고 있다. 즉 정신 질환과 신체 질환의 중간에 있는 것이어서 독립적인 질환은 아니다.

(6) 기질성 정신병

기질성 병변에 동반해서 정신장애가 있고, 급성 뇌질환의 경우에는 의식장애, 만성질환의 경우에는 인지증적, 기억장애, 정서장애 등을 동반하는 것이 있다. 기질성 정신병은 크게 다음과 같이 구별된다.

① 노년기 · 노년 초기의 기질성 정신병 상태
② 알코올 정신병
③ 약물 정신병
④ 일과성 기질성 정신병 상태
⑤ 그 외의 기질성 정신병 상태(만성)

정신병 치료에는 신체요법, 정신요법, 환경요법 등이 있고, 치료에서는 이런 요법들을 병행해 사용하는 것이 중요하다. 신체요법에는 약물과 전기충격요법 등이 있고, 정신요법에는 표현요법, 지지요법, 행동요법, 최면요법 등이 있으며, 환경요법으로는 생활요법, 사회복귀활동, 정신과 재활 등을 들 수 있다.

10. 간질에 대하여

"간질은 원인에 따라 초래되는 만성 뇌질환에 있어, 대뇌 신경세포(neuron)의 과잉발사에서 유래하는 반복성 발작(간질발작)을 특징으로 하며, 거기에 여러 가지 임상 증상 및 검사소견이 동반된다"고 정의된다. 대뇌의 신경세포는 규칙적인 리듬으로 서로 조화를 유지해 가면서 전기적 활동을 하고 있는데, 이 잔잔한 리듬을 가진 활동이 돌연 붕괴되어 격렬한 전기적 혼란(뉴런의 과잉발사)이 일어나는 것에 의해 생기는 것이 간질발작이다.

간질의 원인은 사람에 따라 다양하지만 크게는 뇌에 어떠한 장애나 손상으로 인해 일어나는 '증후성 간질'과, 다양한 검사에서도 이상이 발견되지 않는 원인불명의 '특발성 간질'로 분류된다. 발병하는 연령은 유유기(乳幼期)부터 고령기까지 폭넓게 발병하지만, 3세 이하의 발병이 가장 많고, 80%는 18세 이전에 발병한다.

발작의 분류는 크게 나누어, 발작 초기부터 뇌 전체가 전기의 심한 충격에 휘말리게 되어 의식이 처음부터 없어져 버리는 특징이 있는 '전반발작'과, 뇌의 일부분부터 시작되는 '부분발작'으로 나뉜다. 전반발작에는 강직간대발작, 탈력발작 등이 있다.

간질의 치료는 약물치료(복약치료)가 주류를 이룬다. 여기서 말하는 약은 '항간질약'으로, 뇌신경세포의 전기적 흥분을 억제하거나, 흥분이 여타 신경세포에 전달되지 않도록 하여 발작 증상을 억제한다. 이 약물치료에 있어서 매일 규칙적인 복용을 하고, 생활리듬을 정리하며, 마음대로 복약을 중단하지 않도록 의사와의 연계와 상담이 필요하다.

제3부

—

시각중복장애인
실태조사

시각중복장애인 복지 핸드북을 개정함에 따라 일본 맹중복장애인복지시설연구협의회 가맹시설 22개와 시각중복장애인이 이용하고 있는 15개 시설, 합계 38개의 입소시설(외래 이용자 포함)을 대상으로 실태조사를 실시했다(2010년 1월 1일 현재). 그 결과는 다음과 같았다.

> ※ '시각중복장애인'이란 '현저한 시각장애를 동반하는 중복장애(신체 · 지적 · 정신 외 장애의 중복상태)에 의해 보호, 생활지원 등의 사회적 서비스를 필요로 하는 사람'으로 하고, 이번 조사에서 재택 서비스 이용자는 대상에서 제외했다. 또 장애에 대해서는 장애인 수첩을 소지했거나 장애가 있다고 판단된 자를 대상으로 했다.

① 조사 대상인 38개 시설의 이용자 2,517명 중에서 시각중복장애인은 입소이용자로 1,385명, 외래이용자 70명을 합쳐 1,455명이었다. 일본 맹중복장애인복지시설연구협의회 가맹시설 23개 시설의 이용자 수는 1,696명이고, 1,199명이 시각중복장애인이었다.

② 시각중복장애인 1,455명 중 40대 연령 이용자가 341명(23.4%), 50대 이용자가 381명(26.1%)을 차지하고 있다. 40세 연령부터 59세까지의 이용자가 722명(49.6%)으로, 과반수에 근접하였다. 또 65세 이상의 이용자가 193명으로, 전체의 13.3%를 차지하는 것으로 보아 시설 이용자의 고령화 경향을 읽을 수 있다.

③ 시각중복장애인의 중복경향은 이용자 1,455명 중에서 1,312명이 시각장애와 지적장애를 중복하고 있고, 약 90.2%를 차지하고 있다. 두 번째로 시각장애와 지체장애의 중복이 43명, 정신장애와의 중복이 59명, 그 외의 장애와의 중복이 41명이었다.

④ 남녀 비에 관해서는 시각중복장애인 1,455명 중 853명이 남성, 602명이 여성이어서 남성 이용자 쪽이 많았다.

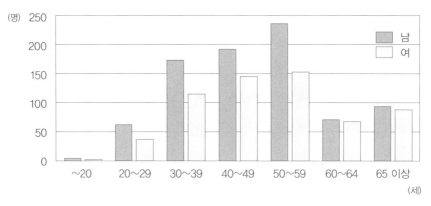

그림 3-1 연령별로 본 입소시설(외래이용자 포함)의 남녀별 시각중복장애인 수

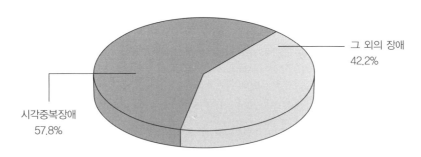

그림 3-2 입소시설 이용자(외래이용자 포함)의 중복장애인 비율

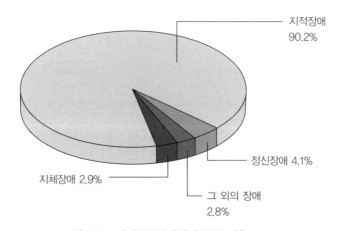

그림 3-3 시각중복장애인의 중복 내용

제4부

—

시각중복장애인
지원의 실제

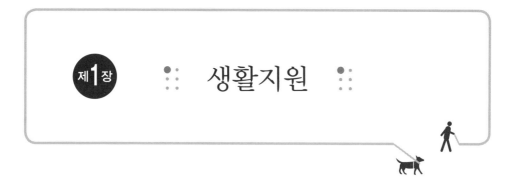

제1장 생활지원

시각중복장애인의 지원에 대해 한마디로 말하면, 연령·능력·개성이 모두 다른 사람들이어서 개개인에 맞는 지원을 전개하지 않으면 안 된다. 지적장애인 전반에 공통되는 지원이나 시각장애인의 지원방법에 관해서는 관계기관마다 연구·경험을 통해 확립해 가고 있고, 그것을 시각중복장애인에게 응용해서 그들의 전체적인 생활을 지원한다.

시각중복장애인 중에는 점자를 읽을 수 있는 사람도 있고, 지원방법에 따라서는 작업과 생활 면 등에서 뛰어난 능력을 보이는 사람도 있다. 그러나 최중도의 지적장애인에게는 시각장애와의 상승작용에 의해 능력장애가 현저하게 나타나, 식사·배변·착탈의 등 기본적 동작을 습득할 수 없는 사람을 많이 볼 수 있다.

이것은 능력에서의 원인이 아니라, 그 곤란함으로 인해 주위의 '포기'나 '과보호' 등에 의한 기본적 동작 획득이 불가능한 상태로 현재에 이르고 있는 경우라고 생각된다. '자신의 의지로 살아가는 것, 자기실현을 목표로 하는 것'이라는 넓은 의미의 자립관을 세워 그 사람 나름대로의 자립을 목표로 할 필요가 있다. 중요한 것은 획일적인 지원을 하지 말고, 각각의 생애주기나 욕구에 입각하여 지원을 하는 것이다. 이를 위해 권리옹호와 인격존중을 염두에 두면서 개별 지원 계획을 작성하고, 적정한 지원을 실시하도록 노력해야 한다.

1. 생활지원의 기본적 태도

시각중복장애인 생활지원에는 시각적인 정보가 극도로 제한되어 있어, 언어의 의미나 개념, 문맥 등을 이해해서 생각을 언어로 정리하는 절차가 곤란하다는 것을 배려할 필요가 있다. 그래서 개개인에게 적절하면서 알기 쉬운 수단과 언어로 전달되도록 하는 것이 중요하다. 또 지금부터 하는 일이나 주위의 상황에 대해서 항상 구체적인 언어로 전달하고, 전달된 것을 확인할 수 있도록 한다.

예를 들어, 옷을 입고 단추를 채우며 "이제 되었습니까?"라고 물을 때는 "예, 좋아요."라든가 "두 번째 단추가 안 채워졌어요. 만져 봐 주세요." 등과 같은 대답을 하거나, 손을 잡아 채워지지 않은 단추를 만질 수 있도록 하는 등의 지원이 필요하다. 이처럼 어디서나 그러한 장애의 특성을 이해해서 세심한 배려와 연구를 빼놓지 않는다. 아래에 생활지원에 대해 필요한 것을 설명해 놓았다.

(1) 이용자의 지적 수준, 시각장애 상황, 생육력(生育曆), 의사소통 능력 등을 평가해서, 현재의 구체적인 동작의 실행 장면에서 어디까지 할 수 있는가를 정확하게 파악한다.

(2) 특히 중요하다고 생각되는 동작에 대해서는 개별 지원 계획 중에서 시간 축을 설정해 두고, 목표로 하는 방향성 · 장래 모습을 보여 주는 장기 목표와 이용자가 실현 가능하다고 생각되는 그 동작에 있어서의 구체적인 단기 목표를 설정한다.

(3) 일반적으로는 단순한 동작일지라도 그것이 가능할 때까지는 언제라도 동작의 연속하에 이루어지고 있는 것으로부터 동작을 분석하고, 하나의 동작마다 충분한 언어적 표현과 함께 손을 잡고 순서를 전달 · 확인한다. 그래서 애매한 표현이 아닌 가능한 구체적인 언어적 표현과 확인을 할 필요가 있다.

(4) 이용자의 능력과 이해 방식에 맞게 일정한 방법을 정해 반복한다. 이렇게 반복하는 것은 동작 획득을 위해서 빼놓아서는 안 되는 것이다. 손가락이나 몸의 감각으로 동작을 익히는 경우가 많은 시각중복장애인의 지원에는 일정한 순서를 반복하고, 지원자 간의 통일을 도모하는 것이 중요하다.

(5) 지원은 단계를 밟아 진행한다.

① 충분한 말 걸기와 동시에 손을 잡고 함께 한다(목적의 이해, 동작의 전수).

② 옆에서 지켜보면서 함께 한다(안심시키고 자신감을 갖게 한다).

③ 실시한 후에는 반드시 확인한다(조건부 의식).

④ 때로는 예고하지 않고 확인한다(자립을 위한 의식).

⑤ 각 단계에 있어서 '할 수 있는 일'에 관해 확인하고 그때마다 칭찬한다(성취감 공유).

(6) 지원에 대한 평가(모니터링)를 실시한다.

① 지금까지 지원의 실시 상황에 대해 확인하고, 계획에 있던 지원 내용이 확실히 실행되었는지를 객관적으로 평가해 본다.

② 계획대로 실행되지 않았거나, 지원의 효과가 잘 나타나지 않았을 때는 그 원인이 지원자 측에 있는지 이용자 측에 있는지 생각해 볼 필요가 있다. 특히 지원의 통일이 이루어졌는지 확인한다.

③ 과제 설정은 이용자의 능력과 욕구에 비교해서 타당한지를 평가한다. 생활 전반을 통해서 여러 가지 욕구가 있는 가운데 그 과제를 우선적으로 다뤄야 할 항목인지 아닌지를 재확인한다.

④ 이용자의 의욕과 능력을 생각한 목표 설정이 이루어졌는지 확인한다.

⑤ 기술적으로 어느 정도 획득될 수 있는지 평가한다.

⑥ 평상시 이용자의 반응과 표현을 잘 관찰해서 기분이 좋을 때나 나쁠 때의 표현(안색, 표정, 태도, 습관 등)을 알아 두고, 지원의 필요성을 판단한다.

⑦ 개별 지원 계획의 경우에 중점적으로 몰두해야 할 과제와 일상생활의 반복 속에서 확인해야 할 사항을 정리한다.

2. 기본 생활습관의 지원

(1) 생활리듬

시각중복장애인의 경우 적극적인 활동이 적어 주변(환경)으로부터의 자극이나 정보가 부족하기 쉽기에 불안감을 주지 않도록 지원자의 배려가 필요하다. 특히 중도, 최중도인 사람의 경우는 주체적 행동이 적고, 변화 없는 생활을 하게 되는 경우가 있다. 그로 인해 생활에 대한 의욕이 저하되거나 관심이 없어지지 않도록 배려하는 것이 중요하다. 생활리듬을 확보하기 위해서는 일과 중 활동 등을 중심으로 한 충실한 대처와 일상적인 정보 제공이 필요하다.

> **유의점**
> ① 하루의 활동 시작 전에는 그날의 활동 내용 등을 연락하고 예측하면서 지내도록 한다.
> ② 주체적 행동이 적은 사람들에게는 지원자가 의욕적으로 관계되는 기회를 많이 가져 고독감이나 불안감을 주지 않도록 한다.

(2) 수면

수면은 중요한 생활 동작이어서 수면의 리듬을 깨뜨리지 않고 숙면을 할 수 있도록 배려할 필요가 있다. 앞에서 진술했듯이, 시각중복장애인의 경우 주변으로부터 자극이 적기 때문에 얕은 잠을 자거나, 낮과 밤이 뒤바뀌는 경우가 있다. 생활을 규칙적인 리듬으로 유지해서 기분 좋은 잠을 확보하기 위해서는 일과 중 활동에서 적절한 피로감을 주는 등 일어났을 때와 잠잘 때의 리듬을 갖게 하는 것이 중요하다.

> **유의점**
> ① 취침이나 기상시간에는 음악 등을 이용해서 각각의 동작을 하게 한다.
> ② 이불을 깔 때는 다다미나 벽의 선에 따라 깔고, 의복을 정리할 때는 주머니에 넣어 정해진 장소에 놓아두고, 다음 날을 준비하도록 한다.

(3) 착탈의

의복은 방한이나 보온처럼 실용적인 목적과 함께 의복의 선택이나 관리를 포함해 몸가짐으로도 필요한 것이다. 또 장애 특성, 특히 손가락 교치성(巧緻性, 정교하고 치밀하고 빠른 동작을 수행할 수 있는 능력 – 역주) 등 개인차를 배려하면서 일상생활 속에서 끈기 있게 지원하는 것이 중요하다. 착탈의 전반을 생각해 보면, 의복의 앞뒤, 겉과 속, 단추, 후크 등 섬세한 동작이 많아서 시각중복장애인에게는 서투른 것도 많은 어려운 과제이다.

그 때문에 옷의 앞뒤, 겉과 속을 구분하기 쉽도록 단추 등으로 '표식'을 붙여 주거나, 디자인이나 옷감 등을 섬세하게 배려할 필요가 있다. 시각중복장애인은 거울을 보면서 의복을 점검하거나 확인하기 어렵기 때문에 주변에 있는 지원자로부터 적절한 언어적 표현을 듣고 점검하거나 확인하는 것이 필요하다. 중도·최중도의 이용자 중에는 체온 조절이 어려운 사람이나 대응이 어려운 사람도 있어 착탈 반복이나 여러 개를 껴입는 등의 행동을 하는 사람도 있다. 그 때문에 적절한 조언이나 지원이 필요하다.

> **유의점**
> ① 복장에 관해서는 기능 면과 지원자 측 지원이 용이함을 우선시하고 이용자의 자기선택이나 자기결정을 중요시한다.
> ② 장애 특성을 배려해 단추, 후크, 지퍼 등을 검토한다.
> ③ 착탈의 지원은 이용자와의 확인하에 의복의 앞뒤가 구별될 수 있도록 단추 등 표식을 달고, 하나씩 말로 표현하면서 실행하는 등의 배려를 한다.

(4) 세면과 이 닦기

사회생활을 하고 있는 이상, 얼굴을 깨끗이 씻거나 닦거나 하는 것은 몸가짐의 관점에서도 중요하다. 시각중복장애인의 경우는 거울을 사용해서 확인을 할 수 없기 때문에 지원자 측의 확인이 필요하다.

또 이 닦기는 중요한 생활습관으로서 건강관리 면에서도 매우 중요하다. 시각으로 확인이 불가능하기 때문에 이 닦기가 불충분한 경우가 있으므로, 지원자 측의 확인과 이용자의 구강 위생에 관한 의식이 필요하다.

유의점

① 기상 시나 식후의 이 닦기 습관이 중요하다. 지원자에 의한 마무리 이 닦기를 해서 구강 내를 확인한다.

② 이 닦기 지원은 전후 좌우부터 이용자의 상태에 맞게 한다.

③ 세면은 얼굴 전체가 닦일 수 있도록 씻는 부분을 하나하나 말로 표현하고 확인하면서 실행한다.

(5) 식사

식사는 단순히 영양을 보충하기 위한 것뿐만 아니라 다양한 목적이 포함되어 있다. 부드러운 분위기를 만들거나 그날의 사건이나 공통 화제를 꺼내서 즐거운 식사 장면을 제공한다. 식사 내용이나 영양 균형 등을 배려하는 것은 당연하다. 식사하고 싶지 않다거나, 맛이 없다거나, 다른 일을 하고 싶다는 등의 심정이나 상황에 맞는 대응도 필요하다. 건강관리 면에서도 중요하고 생활습관병을 배려한다든지, 고혈압증이나 당뇨병같이 식사 제한이 필요한 경우에는 의료와의 연계도 필요하다.

식당도 청결하고 밝아야 하며, 여유 있는 분위기가 있는 쾌적한 환경이나 식기, 식탁, 의자 등에도 시각중복장애인에 대한 배려가 있어야 하며 식사 그 자체를 즐길 수 있는 환경이 되도록 하는 것이 중요하다.

특히 중도 · 최중도 시각중복장애인의 경우, 적절한 행동이나 감정의 조절이 어려운 사람도 있다. 게다가 먹기 시작해서 끝날 때까지가 빠르거나, 되새김, 편식, 거식, 먹는 것에 대한 무관심 등을 보인다. 이용자의 장애 특성을 이해한 후에 안심하고 식사를 할 수 있도록 끈기 있게 대응할 필요가 있다.

유의점

① 부드러운 분위기를 만들어서 식사 전에 식단을 설명하거나 정해진 식기를 배치하는 등, 재료나 메뉴, 형태 등의 정보 제공을 확실히 한다. 손을 잡고 도움을 주어 식기 위치 확인이나 메뉴에 대한 정보 제공도 필요하다.

② 음식을 급하게 먹는 이용자의 경우, 흘러나오는 양도 많아서 앞치마 활용과 동시에 섭취량에도 주의한다.

③ 음식물을 단숨에 삼켜 버리는 이용자의 경우, 스트레스를 필요 이상 받지 않는 범위에서 밥그릇을 작게 나누어서 제공하거나, 단숨에 먹지 않도록 한다.

(6) 배변

배변은 사람에게 생명유지와 관계되는 가장 기본적인 행위이다. 동시에 배변에 관한 지원은 상대방의 자존심이 상하지 않도록 최대한 배려할 필요가 있다. 중도·최중도 시각중복장애인의 다수가 운동 부족, 생활리듬의 흐트러짐, 간질약의 부작용 등에 의해 배변이 불규칙하거나 극도의 변비를 일으키는 경우가 있어 주의가 필요하다. 완화제 등의 복용이 필요한 경우 의료와의 연계가 중요하다. 신체의 이상을 호소하는 것이 곤란한 중도·최중도 사람들의 경우, 배변 기록을 정확하게 정리해서 일상적인 건강관리와도 연계시킨다. 배변 기록은 배변 습관의 확립을 위해 장애인의 배변 상태를 파악하고 정시 배변을 도와 원활한 활동을 하는 데 도움을 준다.

시각중복장애인에 대한 배려로서, 바닥 재료를 검토하거나, 손잡이의 위치나 변기의 형상 혹은 위치 등을 고안하여 화장실 내에서 미끄러져 넘어지는 일을 방지하는 데도 주의가 필요하다. 화장실의 냄새, 밝기, 바닥이나 벽의 청결 유지 등 일상적인 위생관리를 게을리하지 말고, 기분 좋게 이용할 수 있는 환경을 만든다.

유의점
① 난간 설치나 변기 등의 배치에 주의한다.
② 화장실 문이 반쯤 열린 상태가 되지 않도록 자동잠금 설치를 검토한다.
③ 이용자의 능력에 맞게 배변하기 쉽도록 의복을 검토한다.

(7) 목욕

목욕은 신체의 청결을 유지하는 것과 함께 고혈압증이나 심장질환, 간질, 피부질환 혹은 장애 발생 질환 등을 고려해서 심신을 편안하게 한다.

목욕이 곤란한 경우는 따뜻한 물수건으로 깨끗이 닦기, 샤워하기, 부분욕 등 필요에 따라 대응할 필요가 있다. 또 미끄러지지 않도록 바닥 재료나 적절한 장소에 대한 난간 설치, 욕조의 깊이 등을 고안한다. 그중에는 통각이 둔하게 나타나기도 하고, 수도꼭지나 샤워기 등의 온도 조절에 적절히 대처하지 못해 화상을 입는 경우도 있어 설비 면의 배려를 잊어서는 안 된다.

목욕은 즐거운 시간인 동시에 심신에 부담을 줘서 사고로 이어지는 경우도 있다. 목욕 전후의 체온, 맥박, 호흡, 혈압, 발한 등의 신체 상황의 관리도 중요하다. 또 욕실이나 욕조에서는 항상 사고나 부상의 가능성을 인식하는 대응이 중요하다.

유의점

① 전신을 깨끗하게 씻는 것이 어려운 이용자도 있지만, 스스로 할 수 있도록 유도하는 것도 중요하다.

② 일과 중 활동에서는 알아차리기 어려운 전신의 건강을 확인한다.

(8) 청결

세수, 이발, 면도, 이 닦기, 목욕, 옷 갈아입기 등은 생활을 풍부하게 하는 행위임과 동시에 건강유지나 생활에 대한 의욕과도 관련된다. 일상생활 속에서 섬세하게 관찰하여 각각 말로 표현하면서 지원하고, 청결에 관한 의식을 높이는 것도 중요하다.

유의점

① 집단생활 속에서 종이타월을 사용해서 감염증 대책을 확실히 할 필요가 있다.

② 이용자가 판단하기 어려운 이불 말리기, 시트 교환하기 등은 이용자 지원 중에서도 간접적 지원이지만 중요하다.

3. 사회적 생활지원

생활지원은 기본적인 일상생활에 관계되는 지원에 머무르지 않고, 시각중복장애인의 사회성에 착안해서 지원하는 것이 요구된다.

(1) 사회참가 촉진

사람과의 관계는 매일매일 생활의 연속이자 자극이며 생활을 풍부하게 해 준다. 그래서 시각중복장애인의 사회참가를 유도하는 것은 중요한 지원 중 하나이다. 최근에는 휴대 전화나 인터넷 등의 정보 수단에 의해 의사소통 수단이 다양화되고 있다. 이러한 정보 수단도 적극 활용해서 사회참가 지원에 연결되도록 한다.

유의점
① 외출 지원자나 가이드 도우미의 협력을 청한다.
② 지역에서 개최되는 행사 등의 정보를 제공하고 참가를 지원한다.

(2) 원활한 인간관계에 대한 지원

소속된 집단이나 시설에서 원만한 인간관계를 유지하면서 원활하게 생활하기 위해서는 규칙이나 예의를 지키는 것도 중요하다. 사회에 적응하는 방법을 몸에 익히지 않으면 안 되지만 장애 특성이나 장애 정도에 따라 일반적인 상식으로부터 일탈하는 행동을 보일 수도 있다. 사회의 규칙에 대해 설명해 주는 지원도 필요하다.

유의점
① 대인관계의 기본이 되는 인사 · 언어 사용 · 예의범절을 몸에 익히게 하는 지원을 한다.
② 교통규칙 등 기본적으로 지켜야만 하는 것의 이해를 촉진한다. 사회적인 규칙 중에는 '시간'에 관한 사항도 많기 때문에 매일 일과 속에서 시간을 지키는 것을 이해시킨다(차임벨의 이용, 음성 시계의 제공, 흥미 있는 사람에게는 라디오 · 텔레비전 프로그램을 시간의 표식으로 하는 것 등).

(3) 소유물의 관리와 정리정돈

시각중복장애인은 시각을 통해 소유물을 확인하기 어렵기 때문에 그 관리에는 일정한 배려가 필요하다. 타인의 물건과 혼재되기 쉬운 공유 공간에서는 더욱더 그렇다. 물건의 촉감, 놓는 장소 등으로 자신의 물건과 타인의 물건을 구별하기 때문에 지원자는 정보 제공과 확인이 필요하다.

　정리정돈은 시각중복장애인 스스로가 소지품 위치를 확인하기 쉽도록 하기 위해, 또 생활에 있어서 쾌적한 나날을 보내기 위해서 빼놓을 수 없는 것이다. 복잡한 환경에서 물건에 잘못 걸려서 미끄러져 넘어지는 사고 등의 위험이 있기 때문에 안전을 배려한 환경을 제공하는 것이 필요하다.

유의점

① 소유물에 표시를 해 둔다(감촉의 고안).

② 목욕 후 옷 갈아입기는, 옷을 담을 수 있는 주머니에 넣어서 관리가 쉽게 되는 경우가 있다(내용물을 떨어뜨리지 않게 되고, 찾을 때 내용물이 흩어져 없어지지 않으며, 주머니의 감촉·표시로 자신의 것임을 이해할 수 있다).

③ 시각중복장애인은 물건이 놓인 장소가 바뀌는 것에 대해 매우 당혹스러워하기 때문에, 장소를 바꿀 필요가 있는 경우에는 미리 충분한 설명을 한다.

④ 옷장이나 사물함 등 큰 물건을 표시하고 있는 이용자가 있으므로 배치 확인을 지원해 준다.

(4) 금전의 관리

중도 시각중복장애인은 금전의 사용·관리에 어려움이 많아서, 성년 후견제도나 재산관리에 관계된 권리옹호 시스템의 이용을 생각해 볼 수 있다.

유의점

① 쇼핑 지원 시 금전 개념의 기회를 만들어 자신이 원하는 물건을 사는 훈련을 통해 돈의 의미를 이해시킨다.

② 그때마다 돈의 종류(지폐 또는 동전)를 손으로 만져 확인하고, 어느 정도 물건을 어느 정도의 금액으로 구입할 수 있는지 이해하기 위한 지원을 한다.

(5) 이성교제와 성

성적 욕구는 인간으로서 당연한 것이다. 장애 유무에 관계없이 성적 욕구나 이성에 대한 관심은 연령이 쌓여도 지속된다는 관점에서 지원해야 한다. 그러나 사회와 시설에도 규칙이 있으며, 규범에 맞게 교제할 수 있도록 하여 이성이 지켜지도록 행동하게 한다.

시각중복장애인이 성적인 욕구불만을 가진 경우, 그것은 인간의 근원적인 욕구로부터 일어난 것을 근거로, 그 욕구를 적정하게 만족시키는 방법이나 욕구불만을 해소할 수 있는 행위에 대해서 이용자와 지원자가 서로 대화하며, 사회 속에서 원활하게 생활할 수 있도록 지원한다.

> **유의점**
> ① 가능한 범위에서 이성 간 교류가 깊어질 수 있는 장을 제공한다.
> ② 자위행위는 성적 욕구를 조절하는 것이어서 금지해야 할 것은 아니고, 적절한 장소에서 하도록 지원한다.

4. 행동장애가 있는 사람에 대한 지원

(1) 행동장애 특성

시각중복장애인 중에는 일반적으로는 받아들이기 힘든 일탈행동을 보이는 사람이 있다. 예를 들어 자해, 타해, 습관에 대한 집착, 수면 곤란, 식사 관계 장애[편식, 이식(異食) 등], 배변 관계 장애, 다동, 소란, 패닉 등의 행동을 보이며, 그 표현은 여러 가지이다. 시각중복장애인은 그 특성상 자기자극행동이나 상동행동을 보이기 쉽다.

시각 이외 감각 과민증도 문제가 된다. 타인에게는 이해하기 힘든 청각, 촉각, 후각 등의 자극에도 불쾌감을 느끼고 흥분이나 자해로 연결되는 경우가 있다. 이 같은 행동이 지속되어 사회생활에 대한 참가나 건강관리가 장기간에 걸쳐 곤란하게 되는 상태를 '행동장애'라고 한다.

행동장애는 지적장애나 자폐증 등과 같은 장애의 특성으로 기질적·기능적 측면에 눈을 돌리기 쉽지만, 그 지원에 있어서는 '행동장애는 환경과의 상호작용에 의해 일어나는 것이다'는 시점에서 생각할 필요가 있다.

그래서 지원자가 그 행동을 일으키고 있는 본인의 문제(발달 수준이나 장애 특성 등)에 대해 올바르게 이해하며, 부적절한 행동을 일으키지 않고 살아갈 수 있는 생활환경을 조정하는 지원을 염두에 두는 것이 중요한 포인트이다.

(2) 부적응 반응을 강화하는 관계

행동장애는 그 기능을 다음과 같이 분류할 수 있다.

① 요구 : 원하는 것과 하고 싶은 것을 손에 넣기 위해
② 주목 : 도움과 주목을 필요로 하고 있다는 것을 호소하기 위해
③ 거부 : 서투른 장면이나 대인관계에서 벗어나고 싶어서
④ 감각 : 자극을 얻기 위해

요구 · 주목 · 거부는 의사소통 기능을 가지고 있다. 중도 시각중복장애인은 적절한 의사소통 방법을 몸에 익히는 것이 실제로는 곤란한 상황이지만, 의사소통 방법에 언어만 있는 것은 아님을 알고 본인에게 적절한 방법을 탐색 · 사용할 수 있도록 마음 써 주는 것이 중요하다.

그래서 행동장애에 대한 지원 중 최초로 해야 할 일은 '왜 이런 행동을 하는 것일까?', '어떤 의미가 있는 행동일까?'와 같은 의문으로 시작하는 것이다.

집단생활 중에서 받아들이기 어려운 일탈행위를 '문제행동'이라고 하여 그 행위 자체에만 눈을 빼앗기기 쉽지만, 본인에게 있는 장애의 특성을 파악하고, 그때의 행동을 긍정적으로 분석하여, 왜 그 행동이 본인에게 필요했는지, 꼭 하지 않으면 안 되는 것이었는지를 깊이 생각해서 개선에 대한 힌트를 얻을 수도 있다.

하지만 환경요인으로서 큰 부분을 차지하는 대인관계에 관해서 어떤 식으로 지원하는 것이 중요한 것일까? 지원자가 위압적인 대응이나 이용자의 감정을 무시해 버리거나, 공감대 없는 관계를 해 버리면 불신감이 생겨 이용자는 의욕을 잃어버린다. 신뢰관계가 없는 경우에는 이용자 정서의 안정이나 의욕을 바랄 수 없다.

또 부적절한 행동에 대해 지원자 간 대응에 일관성이 없으면 이용자는 혼란을 가져온다. 지원자 간에 이용자에 대한 대응을 동일하게 하는 것이 필요하다.

(3) 시각장애와 행동장애를 겸한 사람에 대한 대응

자신의 발달 수준이나 기호에 맞지 않는 프로그램에 참가하는 것은 이용자에게 고통이며, 행동장애를 표출시키는 원인으로도 연결된다. 또 예측할 수 없는 일정하지 않은 일과도 마찬가지이다.

행동장애 발생을 예방하는 환경을 만들기 위해서는 '구조화'라고 하는 개념이 중요하다. 구조화란 지금 무엇을 하는 시간인가, 다음에는 어떻게 될까 등, 생활을 그 사람에게 맞춰 주고 이해하기 쉽게 보여 주는 방법이다. 구조란 상황의 의미나 전망이며, 그것을 이해하기 쉽게 하는 것이 구조(명확)화이다.

주위의 여러 가지 사정을 이해하기 쉽게 하기도 하고 불필요한 혼란을 미연에 방지하는 것도 가능하다. 물리적인 주위 환경이나 스케줄을 구조화하는 것에 의해 행동장애를 보이는 사람들이 안심하고 매일 생활하는 것을 기대할 수 있다. 그러나 이 구조화의 수법은 주로 시각적으로 호소하는 방법이 유효하다고 생각된다. 시각중복장애가 있는 사람에게는 이 점에서도 큰 곤란함이 있다고 할 수 있는데, 그래도 여러 가지 인지력이나 의사소통 능력 등을 고려한 후에 보다 이해하기 쉽게 구조화된 일과나 환경을 설정하도록 노력하는 것이 매우 중요하다.

① 시각중복장애인 생활의 구조화

- 매일의 스케줄 틀을 일정하게 유지하고, 가능한 한 변경은 피한다.
- 체감을 통해 스케줄을 이해할 수 있도록 매일 반복해서 예측 가능한 환경을 만든다.
- 활동 전에는 그날의 예정이나 담당자 등을 구체적으로 전해 준다.
- 행사 예정이나 변경 등에 대해서는 사전에 알기 쉽게 설명한다. 급한 예정 변경은 가능한 한 없도록 주의한다.
- 물리적 환경에 대해서 일정하게 유지한다. 본인의 인지력을 배려해, 장애물의 제

거나 '목표물·표시' 등으로 안정된 환경을 만든다.

- 집착하는 동작을 하지 않도록, 다음 행동으로 이동하지 말고 동작의 동기 부여 시간을 들이는 등 그 사람의 특성에 맞게 융통성 있는 시간 설정을 하고 사전에 언어적 표현을 충분히 한다.

② 청각의 활용

- 지원자는 목소리의 톤, 속도, 크기 등에 신경을 써서 안심시켜 주는 말을 걸도록 주의한다.
- 벨이나 음악 등을 기분전환이나 다음 행동의 신호로 활용한다.
- 본인이 좋아하는 음악을 파악해 기분 안정에 사용한다.
- 주위의 소란으로 불안정해지는 사람도 있기 때문에 조용하고 차분한 환경을 제공하도록 배려한다.

③ 행동장애에 대한 대응

- 그만두게 하지 말고, 필요성을 없앤다.
- 그만두게 하지 말고, 가능한 시간대나 장소를 정한다.
- 그만두게 하지 말고, 형태를 바꾼다.

④ 패닉 등에 대한 대응

- 불안, 혼란, 생리적 불쾌, 억제 불능 등의 요인을 생각한다.
- 행동을 확인한다. 집착하고 있는 물건이나 상태를 본인이 확인하고 납득하는 것만으로 차분해지는 경우도 있다.
- 주위 사람과의 관계에서 패닉이 강해지는 경우는 주위로부터 영향을 덜 받도록 차분하고 조용한 환경(공간·시간)을 제공한다.
- 강요하지 않는다.
- 불안, 혼란을 풀기 위해서 의사소통을 한다.

⑤ 의료와의 연계

- 행동장애에 대해서 의료 면에서의 접근이 필요하게 되는 경우도 있다. 정신과 의료는 그 사람의 삶의 질을 높이기 위한 여러 가지 방법의 하나로서, 유연하게 검토해서 능숙하게 사용하는 것도 중요하다.

- 의사와 상담을 할 경우, 우리는 본인 대신에 의사로 '대변되는' 입장이 된다. 가능한 한 정확하고 치밀하게 상황과 목적을 의사에게 전달하고 정보를 공유하도록 노력한다(수면 시간표나 연간 행동장애 그래프 등이 있으면 이해하기 쉽고, 약의 효과 판정에도 도움이 된다).

- 처방된 약에 대하여 기대되는 효과 및 주의할 부작용에 관한 정보는 의사로부터 확실하게 얻을 수 있도록 한다.

- 정신과 약물요법을 병용하는 것에 대해서는 본인 및 가족에 대한 고지에 입각한 동의(충분한 설명과 동의)를 얻을 필요가 있다. 의사로부터 제대로 설명을 듣고, 동의를 얻어 두는 것이 중요하다.

행동장애에 대한 지원은 경우에 따라서 곧바로 개선되지 않는 것들도 있다. 행동장애의 개선을 위한 지원은 여러 가지 사례를 통하여 많이 알려지고 있지만, 어디까지나 본인의 관점에서 지원의 방향성을 축으로 하여 과제에 맞춰 가는 것이 중요하다.

5. 생활지원의 사례

○씨는 중도 지적장애를 갖고, 시각 수준도 전맹인 중도의 시각중복장애인이다. 현재의 시설에 입소한 지 14년이 지나 생활하고 있는 장소의 건물 구조 등은 거의 이해하고 있으며 일상 일과를 수행하는 데 혼란 없이 대부분 순조롭게 할 수 있다. 단지 생활 전반에 언어적 표현이나 지원을 필요로 하는, 지원자가 관계되는 것에 의해 일상생활이 이루어지고 있다. 기본적으로 필요 이상 관계되는 것을 싫어하고, 자신의 신체를 만지는 것을 좋아하지 않는다. 또 익숙하지 않은 사람과의 관계를 싫어하고, 자신의 불쾌감을 탈의나 자해(머리를 때림), 불온(不穩)한 발성(우는 듯한 소리)으로 표현한다. 활동 시간 이외

의 여가 시간은 자신의 거실에서 이불을 꺼내 뒹굴거나, 햇빛이 잘 드는 창가에서 일광욕을 하거나, 슬리퍼를 가지고 놀기도 한다.

(1) 생활리듬을 정리하기 위해서

생활 · 요육(療育, 장애 아동이 사회적으로 자립하는 것을 목적으로 행해지는 의료와 보육 — 역주)반에 소속되어, 평일 활동 시간은 그 활동방에서 보내게 한다. 생활 · 요육반에서의 활동 내용은 음악을 듣고 노래를 부르거나, 그것에 맞게 악기(방울이나 캐스터네츠)를 울리거나 산책 등을 하거나 한다. 그리고 생활공간과 활동공간을 나눔으로써 장면의 전환을 알 수 있게 된다. 생활공간과 같은 장소에서 음악 소리를 내거나 산책하거나 해도 생활의 연장으로 이어진다. ○씨의 경우 지금은 어떤 시간인지 판단하기 어렵지만, 생활공간에서 활동공간으로 걸어서 이동함으로써 자기 몸을 통해서 장면의 전환을 알 수 있게 된다.

(2) 쾌적한 수면을 위해서

저녁 식사가 끝나고, 이 닦기, 배변을 하고 잠시 후에 잠옷으로 갈아입고 이불 안에 들어간다. 이것이 ○씨의 생활리듬이다. 거의 매일 하고 있는 비슷한 리듬의 생활을 하고 있어서 혼란스러운 것 없이 수면에 들어가는 것이 가능하다. 또 이때 평상시 장난의 대상이 되고 있는 슬리퍼를 반드시 본인 옆에서 떼어 놓는다. 단지 비슷한 리듬으로 재촉해도 이불 속에서 나오는 경우가 생길 때는 어떤 이유에서 나오는지 원인을 찾아볼 필요가 있다. 일과 중에 무언가 평상시와 다른 특별한 일이 있었던 것은 아닐까, 변의나 요의 때문에 침착하게 있을 수 없는 것은 아닌가 등의 가능성을 생각해서 대책을 마련해 둘 필요가 있다.

(3) 착탈의

의복의 종류부터 말하면 헐렁하게 입는 것이나 고무줄바지가 많다. 이것은 ○씨의 옷 갈아입기의 편리성을 고려한 결과이다. 단지 기능만을 중시해서 단정치 못한 것이 아닌

TPO(Time, Place, Occasion)에 맞는 의상을 정돈하는 것이 중요하다.

의복을 갈아입을 때 ○씨를 벽으로 유도한다. 그리고 바지를 벗거나 입을 때는 벽에 손을 대고 순조롭게 벗는 것이 가능하다. ○씨는 어느 정도 지원하면 그 후에는 자연스럽게 옷에 손을 대고, 옷을 내리거나 바지를 올리거나 할 수 있어서 ○씨가 할 수 있는 것은 중요하다.

(4) 세면과 이 닦기

○씨의 경우 기본적으로 만지는 것을 좋아하지 않기 때문에 정중하면서 신속히 행하는 것이 필요하다. 또 청결·위생 면에 대한 의식이 낮아서 지원자 측이 세심하게 확인하는 것도 중요하다.

이를 닦을 때 ○씨를 정해진 위치에 앉힌다. 이때 주의할 점으로 슬리퍼를 신고 있는지를 반드시 확인한다. ○씨는 앉으면 슬리퍼를 손으로 가지고 장난치기 시작하므로, 장난치는 것과 이 닦기 시간을 구별할 필요가 있다.

① 칫솔질

○씨는 양치질을 할 수 없기 때문에 치약의 양을 적게 해 둔다. 그리고 옆에 물이 들어 있는 컵을 놓아두고, 칫솔질을 하면서 중간중간에 칫솔을 물로 씻는다. 치열이 가지런하지 않기 때문에 그 부분도 칫솔질을 확실히 해서 닦는 것이 필요하다. 때때로 싫다는 의사를 표현하지만 그때는 "이제 거의 끝났어요", "10초만 하면 돼요"라고 ○씨가 예측할 수 있도록 말로 표현하도록 한다.

② 양치질

앞에서 서술했듯이 ○씨는 양치질을 할 수 없다. 입 속에 컵으로 물을 넣으면 그대로 뱉어 낸다. 아니면 그대로 입에서 흘러나오는 상황이 된다. 그러나 최종적으로는 입속을 깨끗이 하기 위해서 물을 넣어 입에서 나오게 한다. 이때도 똑같이 "이제 몇 번만 더 하면 돼요"라고 ○씨가 예측할 수 있도록 말로 표현한다.

(5) 식사

○씨는 식사 자리가 정해져 있다. 먹는 방식은 접시를 입에 붙여서 스푼으로 긁어모아 먹는 것이어서 자주 식기에서 음식물이 흐른다. 하지만 스스로 먹고 있을 때는 좀처럼 간섭하지 않도록 하고 있다. 말을 걸거나 무언가 도움을 주려 하면, 스스로 먹을 수 있는 식사를 거부하거나 싫어하기 때문이다.

① 식사의 도입과 개시

밥상이 ○씨 있는 곳에 도착하면, 우선은 따뜻한 녹차를 마시는 지원을 한다. 이것이 식사 도입의 신호이다. 차를 마시면 식사체제를 갖추는 언어적 표현을 한다. 이때 의자의 팔걸이를 ○씨가 만지게 해서 의자를 앞으로 당기도록 한다. 제대로 체제가 갖추어진 다음 "밥이에요"라고 말로 표현하면서 스푼을 넣은 상태로 ○씨에게 식기를 쥐어 준다.

② 싫어하는 음식

○씨는 계란 요리나 우유를 싫어한다. 싫어하는 음식을 한 번 '먹기 싫어' 하고 생각해 버리면 그 후 다른 요리를 먹으라고 해도 스스로 먹는 것을 거부해 버린다. 그런 일이 있기 전에, 먹기 싫은 요리라도 먹을 수 있도록 할 필요가 있다. 계란 요리를 할 때 들어가는 야채에 관계되는 드레싱 등을 이용해서 계란 맛을 직접 느끼지 못하도록 연구한다. 우유의 경우는 우유팩으로 나오지만 가능한 한 맛있게 마실 수 있는 상태(미지근하지 않은 상태)로 먼저 ○씨에게 마셔 보도록 하고, 그때는 도중에 멈추지 않고 끝까지 마실 수 있도록 지원한다. 만일 팩을 쥐는 것을 싫어해서 더 마시려고 하지 않을 때는 찻잔에 우유를 넣는 등의 연구를 한다. 또 국그릇을 드는 것을 좋아하지 않는다. 이유로서 국그릇이 넘쳐서 손에 묻거나 더러워지는 것을 싫어하는 것은 아닌가 추측해 본다. 그때는 한 번 손을 깨끗이 닦아 주거나 그릇을 깨끗이 닦아 주는 등의 연구가 필요하다.

(6) 배변

○씨는 정해진 시간의 배변 유도가 필요하다. 배변 기록표에 화장실에 간 시간을 기재해

가면서 다음 시간을 예상해서 말을 걸어서 유도를 한다. 건물 내의 구조에 익숙해져도 유도는 반드시 필요하며, 목적지(이 경우는 화장실)에 도착할 때까지 손을 잡고 유도를 한다.

① 화장실 안에서

화장실에 도착하면, 벽에 손을 대는 것만으로 ○씨는 화장실을 인식하고 슬리퍼를 벗는다. 그 슬리퍼를 벗은 곳에 화장실 슬리퍼를 들고 와서 발끝에 닿도록 놓으면 스스로 신는다. 신은 후에는 스스로 변기가 있는 곳까지 이동해서 바지를 내린다. 그때 화장실 문이 확실히 닫혀 있는가를 확인하는 것을 잊어서는 안 된다. 배변이 끝나면 스스로 일어서고, 닦는 것은 지원자가 해 준다. 손을 씻도록 세면대로 유도한다. 끝나면 문을 열고, 화장실 슬리퍼를 벗고, 다리를 들고 있어서, 그곳에 ○씨의 슬리퍼를 가지고 가면 지원은 끝난다.

② 주의할 점

가끔 화장실 내에서 배변을 하지 않고 슬리퍼를 갖고 장난치는 경우가 보인다. 이런 경우에는 배변을 재촉하는 언어적 표현을 한다. 그래도 배변이 되지 않을 때는 한 번 화장실에서 나와, 재차 시간을 정해서 유도한다.

(7) 목욕

목욕 준비물을 ○씨 전용 바구니 안에 제공한다. 그 안에 필요한 것 전부를 넣어 욕실로 간다. 목욕의 일련의 흐름은 대개 정해져 있다. 몸을 씻는다 → 욕조에 들어간다 → 머리를 감는다(얼굴을 씻는다) → 몸을 씻는다 → 욕조에 들어간다 → 몸을 닦고 나온다. 이런 일련의 흐름을 순조롭게 하는 것이 안정된 목욕과 연결된다.

① 욕조에 들어가기

먼저 지원자가 욕조 온도를 확인한다. 그 후 욕조에 들어가기 위해서 손잡이로 유도한다. 그것만으로 욕조에 들어가는 것을 알게 됨으로써, 불안감이 없어져 욕조에 들어가는 것이 가능하다.

② 머리 감기, 몸 닦기

특히 머리부터, 윗부분을 필요 이상으로 만지는 것을 싫어한다. 그 때문에 머리를 씻을 때는 부드럽게 하는 것이 중요하다. "샤워할 거예요", "머리를 씻을 거예요"와 같은 말 걸기와 함께 동작을 한다. 몸을 씻을 때도 똑같이 언어적 표현과 동시에 도움을 주며, 다리를 들 때는 반드시 손잡이를 잡도록 유도한다. 이것은 미끄러져 넘어지는 것을 방지하는 것과 함께 다리 안쪽을 씻기 위한 신호도 된다.

(8) 청결

한 달에 한 번 미용 봉사자가 이발을 하고 있다. 그러나 알지 못하는 사람이 만지면 험악한 소리나 자해행위로 연결된다.

① '이발하는 날' 이해하기

이발하는 날은 끝날 때까지 활동공간에는 이동하지 않도록 하고 있다. 그 때문에 ○씨는 그때까지 거실에서 지내고 있다. 그리고 전날보다 ○씨에게 "내일은 이발하는 날이에요"라고 반복해서 전달한다. 그리고 당일에도 ○씨에게 "이발하는 날이에요"라고 반복해서 전달한다.

② 가운 사용하기

이발할 때 의자에 앉아 가만히 있는 것이 불가능하다. 익숙하지 않은 목소리를 들으면서, 무엇을 하고 있는지 알 수 없는 상황을 참아 낼 수 없게 된다. 그래서 선 채로 자르는데, 머리카락이 옷에 붙지 않도록 가운을 착용하고 있다. 당일 거실에서 지낼 때 가운도 함께 가지고 있게 하고, 말을 할 때도 가운을 같이 이용하면서 "오늘은 이발하는 날이에요"라고 이해시킨다.

③ 말을 거는 것의 효과

실제로 이발할 때 험악한 소리를 내거나 자해를 하기 시작한다. 그래서 반드시 평상시 접하고 있는 지원자가 옆에 붙어 있어야 한다. 그리고 "이발하고 있을 뿐이에요", "이제

조금만 더 하면 돼요"라고 말을 걸어 준다. 익숙한 소리를 듣는 것만으로도 잠깐 동안은 차분해질 수 있다.

6. 건강(보건)지원

(1) 건강 촉진

시설 이용자 대부분은 시각장애와 지적 또는 정신적 장애를 갖고 있다. 따라서 시설 이용자 건강지원이라는 점에서는, 장애를 갖지 않은 사람의 경우와 비교해서 질적으로도 양적으로도 매우 많은 문제를 포함하고 있다. 신체와 정신은 상관관계를 갖고 있어 건강 장애는 정신이나 정서의 불안정을 가져오기도 한다.

정신의 동요는 신체의 변화를 초래하게 된다. 시각중복장애인의 경우 이런 경향은 한층 강하다. 이런 사람들 대부분은 신체의 변화나 증상을 정확하게 호소하는 것이 어렵기 때문에, 객관적인 검사에 대해서도 검사 그 자체를 이해할 수 없으며 검사를 진행하는 데 많은 어려움도 따른다.

지원자는 이용자 행동의 이상이나 몸의 변화가 신체적 원인에 의한 것인지 정신적 원인에 의한 것인지 일상의 관찰을 통해서 판단하고, 그것을 지원의 단서로 하거나, 또는 그런 생각을 의사에게 보고해서 진단의 자료로 사용한다. 올바른 진단 자료가 이용자의 대변자로서 지원자에게 많은 도움이 된다.

장애인 시설의 경우 이용자 건강 유지, 치료, 기능회복에 대해서 이용자 자신이 이해·자각하는 일을 할 수 없는 경우가 많아서 지원자의 대응을 곤란하게 한다. 예를 들어 이 닦기 습관과 방법, 치료의 필요성, 운동 부족의 영향 등 무엇을 택해도 이용자에게 이러한 지원은 자신에 대한 강제이고, 불쾌한 대응으로 받아들여지는 경우가 많다.

이것을 이용자에게 필요한 지원, 조치라고 받아들일 수 있도록 노력하는 것이 요구된다. 게다가 시각중복장애인을 개인으로 볼 때, '간질', '자해', '상동행동' 등의 대처에 대해서 이해하고 실천적 기술을 터득하는 것도 건강을 지원해 가는 데 있어서 중요하다. 또 시각중복장애인의 '편식'을 고치는 것은 건강상 필요한 것으로, 이것은 즐거운 식사,

올바른 식사와 함께 시설에서 어려운 과제 중 하나이다.

※ 상동행동

빙글빙글 도는 등의 신체적 이상행동, 동일한 절차에 집착하는 일, 물건이 놓인 장소를 항상 같게 하는 일, 정해진 순서대로 행동하지 않으면 패닉이 되는 일 등과 또 다른 것들로는 다동, 자해, 짜증, 지각·감각의 이상, 극단적인 편식 등의 증상을 보인다. 이러한 문제행동의 배경에는 '사물을 예측할 수 없는 것에 대한 불안'이나 '과민한 감각에 의한 반응' 등의 이유가 많기 때문에 그것을 이해해서 조금씩 불안감을 제거해 가면서 천천히 적응시키는 것이 바람직하다.

참고 : '복지의료용어사전', 칸사이국제대학교수 미하라 신니 편저, 야베 게이치 발행, 주식회사 창원사.

---

① 건강진단

이용자 건강상태를 진단·측정해 두는 것은 단순히 건강 유지를 위한 필요 때문만이 아니라, 질병의 조기 발견에도 중요하다. 이 때문에 건강진단은 입소할 때부터 매년 2회 이상 실시되도록 법으로 정해져 있다. 필요에 따라 수시검사를 한다. 법정검사 또는 법정 이외의 검사로서 다음과 같은 것들이 실시되고 있다.

신체 측정 …… 신장, 체중, 허리둘레, 가슴둘레, 앉은키, 혈압, 시력, 청력
혈액검사 …… 간 기능 검사, 당뇨병 검사, 지방질 검사, 신장기능 검사, 빈혈 검사, 염증 검사, 통풍 검사, 전해질 검사, 혈중 농도 측정
소변검사 …… 단백뇨, 요당, 잠혈반응, 우로빌리노겐(urobilinogen)
흉부 X선 검사 …… 흉부촬영
순환기 검사 …… 심전도 검사
보균검사 …… 적리균, 살모넬라균, 병원성 대장균 O-157
악성종양(암) …… 대장, 위, 폐, 자궁, 유방, 기타
치과검진/생활습관병 예방검사/뇌파검사/지능검사/매독검사

② 건강 촉진

건강의 유지와 촉진에는 적극적, 소극적 방법의 두 가지가 있다. 소극적 방법에는 손상된 건강, 질병의 치료가 있다. 적극적 방법은 현재 손상되지 않은 건강이나 기능을 유지해서 보다 향상될 수 있도록 노력하는 것이다. 지원자의 이용자 건강 촉진에 대한 직무는 적극적인 건강의 유지, 향상에 있다. 지원자로서의 간호사나 영양사가 의사의 처방이나 지시에 기초해서 질병을 치료 · 개선하는 것은 당연하다.

건강 유지 · 향상에 관한 지원은 '좋은 습관을 키우고, 나쁜 습관이 생기지 않도록 노력하는 것'이다. 예를 들어 ① 영양이 고른 식사를 즐겁게 하기, ② 적절하고 즐거운 운동, ③ 항상 바른 자세 갖기, ④ 충분한 수면, ⑤ 신체(눈, 귀, 코, 이 등)나 의복의 청결 등은 상식적인 것이라고 말한다. 이러한 상식적이고 '당연한 것'이 이용자의 건강을 적극적으로 촉진하는 것이다. 일상의 바쁜 업무 중에도 지원자로서 이러한 '당연한 것'을 실행할 수 있도록 항상 마음 쓰도록 한다.

신체 건강과 병행해서 또 하나 중요한 것이 마음의 건강이다. 시설에서는 이용자 신체의 건강 유지와 향상을 위해서 여러 가지 연구를 하고 있지만, 마음의 건강, 정신의 안정에 관해서는 어떠한가. 가정으로부터 떨어져 시설이라는 집단생활에서 정신적인 안정을 유지하는 것은 대단히 어려운 것이다.

정신적 불안정이 신체의 변화를 초래한다는 것과 신체의 이상이 정신적인 변화를 가져온다는 '심신상관'의 의미를 명심하고 지원할 필요가 있다.

(2) 질병에 따른 유의점

지적장애

지적장애인은 일반적으로 허약한 것이 특징이다. 예를 들어 다운증후군은 신체 면에서 46개의 소기형(小奇形)으로 알려져 있는데, 당연히 내장이나 뇌에도 기형이 있다고 생각되기도 한다. 그 때문에 보통 사람에게는 가벼운 감기라도 다운증후군 사람에게는 고열, 구토, 설사를 동반하는 경우가 있고, 단순한 수두라도 곪게 되는 경우가 있어 면역 능력이 보통 아이와는 다르다고 생각할 수밖에 없는 것이다. 지적장애가 무거울수록 질

> ※ 소기형(小畸形)
> 일상생활에 지장을 가져오지 않는 정도의 가벼운 기형으로, 일반 집단 중에 출현 빈도가
> 4% 이하의 것을 말한다. 1~2개의 소기형이 있는 사람은 그리 드물지 않지만 3개 이상이
> 있는 사람은 매우 드물다.

병의 발생률은 높아진다. 중도 지적장애인은 건강한 보통 사람보다 질병에 걸리는 확률이 10배나 높다. 집단생활의 경우 전염병에는 충분한 관리가 필요하다. 신속한 격리는 매우 중요하다. 일상의 건강관리, 질병의 조기 치료가 중요하다. 설사의 치료에는 식사 제한과 수분보충이 필요하다.

그중에는 귀에 스스로 이물질을 넣어 감촉을 즐기는 버릇이 있는 사람이 있고, 귀 또는 콧구멍에 콩 등을 넣어 큰 소란을 일으키거나 중이염을 앓게 되는 경우가 있다. 상처는 사고로 일어나거나 그 외에 자해 등의 이상행동으로 일어나는 경우도 빈번하다. 지원자는 응급처치법을 몸에 익혀 둘 필요가 있다.

충치는 이 닦기 습관의 자립이 이뤄지지 않는 것 외에, 간질 약의 부작용에 의한 잇몸 염증으로 인해 일어나기도 한다. 확실한 운동기능장애가 아니라도, 뇌장애 아이는 잠재적 뇌성마비라고 하는 불편함을 보이기도 한다.

이 경우 손이나 발을 사용해서 좋아하는 놀이에 집중시키면 기능장애가 눈에 띄게 없어진다. 20세를 지나면 노화가 두드러지게 나타나는 사람도 생긴다. 치아가 빠지거나, 백내장, 심장병, 호흡곤란, 위궤양, 치질, 비만, 간장병, 신장병 등의 결과, 체력이 약해져서 방에 틀어박히기 쉽게 되는 사람도 있다.

지적장애인 사망 원인 대부분이 폐렴인데, 그중에는 음식물이 잘못되어 기관지로 들어가 그 결과 흡인성 폐렴이 되는 예가 많다.

지적장애인은 큰 체격을 하고 있어도 유아와 유사한 행동을 하는 경우가 많고, 신변 처리 능력도 자립이 이뤄지지 않고, 특히 배변의 자립이 이뤄지지 않는 것이나 야뇨증은 매우 일반적이다.

예들 들어 가족과 떨어져 시설에 들어오면 불안, 쓸쓸함 때문에 불면, 다동, 거식, 자해, 과묵하게 되기도 하고, 친구들에게 못된 장난을 하거나, 일부러 야단맞을 짓을 하거나, 혹은 자기중심적 언동, 과잉표현, 과욕, 잔인성, 히스테리 증상 등은 누구라도 조금씩 가지고 있지만 지적장애인은 자기 억제 능력이 약해서 두드러지게 나타나는 것이다. 이 점을 충분히 고려해서 지원한다.

그 외 이상한 행동으로는 감정의 격변(흥분 증상 또는 무기력 증상)이 있다. 자폐적인 사람이나 중도 지적장애인은 돌연 기물을 파괴하거나 타인에게 난폭하게 하거나, 이상한 소리, 의류 찢기, 알몸이 되는 등의 행동을 한다. 다동의 경우에는 목적 없이 배회하다가 행방불명이 되기도 한다. 자해나 이식, 거식, 되새김, 농변(弄便), 불면, 자폐 등은 타인에게 직접적인 피해를 주지는 않지만, 자신의 생명을 위험하게 한다. 의식적 행동이나 의도적인 특이한 행위에 집착해서 정형적으로 반복하는 사람이 있다.

그것을 무리하게 저지하면 패닉을 일으킨다. 돌연 이런 흥분이 일어난 것처럼 보여도 조사해 보면, 며칠 전부터 불면이 계속되고 있었던 경우도 있다. 기분이 고조되는 때는, 위험물이 없는 조용한 장소에서 지원자가 붙어서, 본인이 좋아하는 놀이나 작업을 하게 하면 차분해지는 경우가 있다. 흥분이 반복되면 의사에게 상담한다.

생활습관병

최근 점점 더 제3차 산업을 중심으로 한 사회구조가 되어, 아무 데도 나가지 않고 정보를 취급하며, 몸을 움직이지 않고 마시거나 먹거나 하는 사람이 증가하여, 70세 이상의 고령자가 20%에 달하는 고령사회가 되었다.

고령사회에서 주된 사인으로 거론되는 것은 뇌경색, 허혈성 심질환, 암, 그 위에 기초질환으로 고혈압증, 당뇨병 등이 있는데, 그것은 과식, 비만, 운동 부족 등 식생활이나 신체활동의 바람직하지 못한 생활습관이 원인이 되어 **생활습관병**이라 불리게 되었다. 젊을 때부터의 포식, 운동 부족, 흡연, 폭음 등 바람직하지 못한 습관은 중년 이후에 발병하는 이런 질환의 위험인자가 된다.

이런 질병의 대부분은 생활습관을 좋은 방향으로 개선함으로써 예방할 수 있다. 위험인자나 질병빈도의 목표치를 정해서 "21세기 국민건강 만들기 운동"(건강일본21)이 추진되고, 게다가 노인건강보건법에 의한 일반 건강진단이나 생활습관 개선지도 사업이 제5차 노건법 개정을 축으로 해서 확충되었다.

국민건강법에서는 후생노동성의 발안으로 지방자치단체에서도 금연 등 생활습관 개선에 노력해야 할 것이 정해져 있다. 생활습관병의 중심은 고혈압증, 당뇨병, 동맥경화성 질환(협심증, 심근경색, 뇌경색, 대동맥질환이나 신부전), 악성종양으로 국민 사망 통계의 상위를 차지하는 질환이 다수 있다.

당뇨병은 생명에 직접 관여하는 경우는 적지만, 이환율은 높아졌다. 충분한 치료를 하지 않으면, 뇌졸중, 심장병, 신부전, 시력장애 등을 일으키기 쉬운 위험인자가 된다. 생활습관병은 좋은 식생활(건강에 좋은 음식을 적정량 골고루 섭취하고, 섭취 에너지양을 제한해서, 건강에 바람직하지 않은 염분이나 지방 또는 기호품 등을 가급적 줄인다.)이나 스트레스 감소, 적절한 운동(신체에 골고루 자극을 준다. 과도한 부담이 되지 않는 전신운동을 일정 시간 계속한다.) 등 바람직한 생활습관을 몸에 익히는 것으로써 예방할 수 있다. 고령사회에서 증가하고 있는 생활습관병의 1차 예방을 위해서도 생활습관의 개선이 기대된다.

① 고혈압증

일반적으로 최대혈압 140mmHg, 최소혈압 90mmHg 이상일 때 혈압이 높다고 말한다. 연령에 따라 다르게 나타날 수 있으나, 나이가 많으면 고혈압 환자가 급격히 증가한다. 한 번 혈압을 측정해서 높았다고 해서 곧바로 고혈압증이 있다고 말하지는 않는다. 혈압은 여러 가지 원인으로 변화한다. 안정된 상태에서 몇 번 측정하고, 또 날을 바꿔서 측정하고, 여전히 높으면 처음으로 혈압이 높다고 말하게 된다.

② 당뇨병

당뇨병에는 제1형 당뇨병(인슐린 의존형)과 제2형 당뇨병(인슐린 비의존형)이 있다. 인슐린 비의존형 당뇨병은 '생활습관병'으로서 어른이 되고 나서 서서히 발생하는 당뇨병으로, 최근 어린이 발병이 문제가 되고 있는데, 어린이의 경우 거의 인슐린 의존형 당뇨병이다.

1998년 WHO로부터 당뇨병의 진단과 분류에 관한 잠정보고가 나왔는데, 그 분류에는 첫째 인슐린 의존형 당뇨병을 제1형 당뇨병, 둘째 인슐린 비의존형 당뇨병을 제2형 당뇨병으로 부르고, 그 위에 종래의 영양장애 관련 당뇨병이란 분류를 폐지하고, 셋째 분류에 특정 원인에 의한 기타 당뇨병을 정리했고, 그리고 넷째 분류에 임신 당뇨병이 위치하도록 했다. 인슐린 의존형, 인슐린 비의존형이라는 종래의 분류는 고혈당의 상태를 개선해서 생명의 위험을 막기 위해 인슐린 주사를 반드시 시행해야 한다는 임상형에 따라 분류된 측면이 컸지만, 질병의 분류는 본래 그 원인에 기초하여 분류하는 것이 바람직하다는 관점으로부터 제1형, 제2형으로 부르기로 한 것이다.

③ 암

암은 악성종양이다. 따라서 암을 알기 위해서는 '악성'과 '종양'을 이해할 필요가 있다. 종양이란 "생체구성 조직의 자율성을 가진 과잉증식"이라고 정의된다. '자율성을 가진'이란 바꿔 말하면 '신체 전체의 조화를 생각하지 않고 제멋대로'라는 말이다. '과잉증식'이란 '필요 이상으로 세포가 분열해서 증식하는' 것이다.

신체를 구성하고 있는 거의 모든 조직에는 항상 새로운 세포가 만들어져, 오래된 세포가 사라지고 생생한 신체를 유지하고 있다. 이것에 반해서 오래된 세포가 사라지지 않고 제멋대로 증식하는 조직을 **종양**이라고 말한다. 악성이란 병리학적으로 진단되는 것으로, 현미경으로 봤을 때의 세포 형태나 조직의 구조에 의해 진단된다. 임상적으로는 다른 장기로 전이되는 가능성을 가진 종양이 악성의 전형적인 예이다.

암은 그 발생 조직에 따라 크게 상피성과 비상피성으로 분류된다. 상피성 조직에는 피부나 소화관(식도, 위, 대장 등) 점막 등이 포함되고, 비상피성 조직에는 근육이나 뼈 등이 포함된다. 상피성 악성종양에 대해서는 암종 혹은 협의의 '암'이라는 용어가 사용된다. 위암, 대장암 등의 암은 협의의 의미상에서의 암이다. 한편 비상피성 악성 종양은 '육종'이라 부른다. 뼈나 평활근의 악성종양은 골육종, 평활근육종이다. 암과 육종을 총칭해서 광의의 '암'이라는 용어가 사용되고 있다.

④ 심장병

이것은 전조도 없이 돌연 발작을 일으키는 경우가 많아서, 가슴의 통증, 두근거림, 숨참, 부종, 부정맥, 어지럼증, 호흡곤란 등의 증상이 생기면 의사의 진단을 필요로 한다. 일상생활의 주의사항으로는 편안하게 긴장을 피하고, 수면이나 휴식을 충분히 취하며, 적당한 운동을 하고, 목욕 시 물의 온도차에 주의할 필요가 있다. 특히 고혈압증, 동맥경화증, 심비대, 당뇨병 환자는 주의가 필요하다.

⑤ 신장질병(신장병)

신장질병의 명칭은 복잡해서 이해하기 어려운 면이 있을지도 모른다. 하나의 질병에 여러 개의 명칭이 붙여져 있기 때문이다. 신장병명은 세 가지가 있다. ① 증상을 주체로 해서 붙여진 명칭, ② 병 상태의 경과와 기능을 고려해서 붙여진 명칭, ③ 주로 현미경으로 본 사구체나 요세관의 형태 변화를 기준으로 특정 질병을 결정해서 붙여진 명칭으로 나뉜다.

①의 예는 네프로제 증후군이나 신염 증후군, ②는 급성 신부전과 만성 신부전, 그리고 급속 진행성신염, ③은 IgA 신증 등이 있다. 이와 같이 신장질병에는 같은 질병이라 하더라도 몇 가지 명칭이 붙여져 있는 경우가 있다.

⑥ 간장병

간장은 침묵의 장기라고 알려져, 기능이 저하되어도 자각, 타각 증상은 적어서 간경변으로 진행되는 경우도 있다. 공통된 자각증상으로는 식욕부진, 권태감, 구역질, 부종, 황달(눈이나 피부가 누렇게 되는 것)을 볼 수 있다. 간장병에서 가장 많은 것은 간염이다. 급성 원인은 바이러스로서 A형, B형, 비(非)A형, 비(非)B형 간염으로 분류된다. 이 질병 중에서 특히 주의할 것은 B형 간염이다.

※ B형 간염

【원인】 B형 간염 바이러스는 혈액, 체액을 매개로 해서 감염된다. 즉 B형 간염 감염자의 혈액에 접촉하거나 혹은 감염자와의 성관계를 통해 감염된다. 현재 수혈에 사용되는 혈액 제공자에 대해서는 B형 간염 바이러스에 관한 검사가 시행되고 있어 수혈에 의한 감염은 거의 없다. B형 간염 바이러스 감염에는 감염 후 치료해서 면역 상태를 획득하는 일과성 감염과 바이러스가 배제되지 않고 간장에 계속 사는 지속 감염이라는 두 가지 형태가 존재한다. 통상 면역 기능이 정상인 성인에게 감염되었을 경우 급성 간염이 되어 일과성 감염으로 종료된다.

【증상】 감염부터 발병까지 잠복 기간은 1~3개월, 드물게는 6개월까지 미치는 경우가 있다. 간염의 정도는 사람에 따라 차이가 있어 '조금 상태가 나쁜' 정도에서 끝나 버리는 가벼운 것부터 A형 간염과 같은 증상을 보이는 것까지 여러 가지가 있다. A형 간염과 비교하면 발열의 예는 적고, 있더라도 고열은 보이지 않는다.

감염증

감염증이란 바이러스나 세균 등 병원체가 체내에 침입해서 증식하고, 발열이나 설사, 기침 등의 증상이 나타나는 것을 말한다. 감염증에는 사람에서 사람으로 이동하는 전염성 감염증 외에 파상풍이나 쯔쯔가무시병 등과 같이 사람에서 사람으로 이동하지 않고 동물이나 곤충 혹은 상처로부터 감염되는 비전염성 감염증도 포함되어 있다. 감염되어도 거의 증상이 나타나지 않고 끝나 버리는 것도 있고, 한 번 증상이 나타나면 좀처럼 치료하기 어려워 때로는 사망에 이르는 감염증도 있다.

 복지시설은 많은 사람들이 이용하는 집단생활을 영위하기 때문에 여러 가지 감염증을 가져오기 쉽고, 시설 내에서의 확산도 쉽다. 따라서 복지시설에서 감염증 대책은 '평상시의 예방대책'과 감염증이 발생했을 때의 '발생 시 확대방지 대책'이 기본이 된다.

a. 감염의 성립

세균질병을 일으키는 힘(병원성 : 독의 힘과 세균의 양)이 사람의 저항력보다 강하게 되었을 경우 감염이 성립한다. 세균의 수가 증가해서 병원성 그 자체가 강해지거나 원래 매우 강한 경우는 누구라도 감염되어 버린다. 역으로 사람의 저항력이 매우 약한 경우,

보통은 아무렇지도 않은 균(평소 무해균)에 감염되어 질병에 걸리는 경우도 있다(기회감염).

병원 또는 시설에는 저항력이 매우 약한 사람(쉽게 감염되는 환자)이 있기 때문에 기회감염이 문제가 되고 있다. 감염에는 세 가지 요소, 즉 감염원, 감염경로, 감염에 걸리기 쉬운 사람(감수성이 있는 숙주)이 필요하다.

b. 발증과 보균자

감염된 결과 기침이나 재채기, 발열, 설사와 같은 증상이 나타나는 것이 발증(發症)이다. 증상이 나타나기까지의 짧은 기간은 잠복기이며, 감염되어도 증상이 나타나지 않는 경우가 있다(불현성 감염). 이 같은 사람이 보균자이다. 보균자는 감염된 것을 알지 못하기 때문에 균을 퍼트리는 감염원이 되는 경우가 자주 있다. 또 그 사람의 저항력이 저하됐을 때 발증하는 경우가 있고(잠복감염), 기회감염의 원인이 되고 있다.

c. 감염 경로

감염된 사람이나 동물 그리고 그들의 배설물과 같은 감염원으로부터 세균이 사람에게 이동해서 감염되는 코스가 감염 경로이다. 감염 경로는 감염 부위에 의한 분류도 있지만, 감염 방지에는 다음 5가지 분류가 도움이 된다.

- 접촉감염 : 시설 내에서 가장 중요한 것으로, 빈도가 높은 감염 양식이다. 개호자 간에 손을 씻지 않았거나 장갑을 바꾸지 않았거나 해서 발생한다[옴, MRSA(Methicillin Resistant Staphylococcus Aureus), 녹색고름균 등].
- 비말(飛沫)감염 : 감염원인 사람이 가래나 재채기, 대화 등을 하는 것에 의해 비말이 발생한다. 비말은 공기 중에 계속 떠다니지 않기 때문에 공기오염의 경우와 같은 특별한 공조나 환기는 필요하지 않다(인플루엔자, 보통 감기, 폐렴 등).
- 공기감염 : 미생물을 포함한 비말의 수분이 증발해서 5μm 이하의 소립자로서 오랜 시간 공기 중에 떠다니는 경우에 공기감염이 발생한다(결핵, 홍역, 수두 등).
- 물질매개형 감염 : 오염된 음식물, 물, 혈액, 장치, 도구 등에 의해 전파되는 감염 경로이다(식중독 · B형 간염 · C형 간염 등).

표 4-1 감염증 예방의 기본적인 대응

• '감염의 가능성이 있는 것'에 접촉한 후 • 장갑을 벗은 후 • 다른 환자와 접촉하기 전	손 씻기
• '감염의 가능성이 있는 것'에 접촉할 때 • 변·구토물 등의 처리 후, 문손잡이·난간 등 환경 면에서 접촉하기 전, 다른 환자가 있는 곳에 갈 때는 장갑을 벗고 손을 씻는다.	일회용 장갑
• 가래나 염증이 많은 이용자를 보호 조치할 때 • 변이나 구토물 등이 튀어 눈, 코, 입이 오염될 것 같은 때 • 지원자에게 가래·기침이 있는 때	마스크
• 의류가 오염될 것 같은 때 • 오염된 가운은 곧바로 벗고 손을 씻는다.	가운
• 환경을 오염시킬 우려가 있는 이용자는 독실로 대응한다.	이용자의 배치

- 곤충매개 감염 : 모기, 파리, 쥐 등 해충의 전파로 인해 발생하는 감염증이다(말라리아, 리케차증. 일본에서는 거의 문제 되지 않는다).

(3) 의료를 둘러싼 여러 문제

최근 의료기관뿐만 아니라 가정, 교육, 복지 현장에서도 의료·간호를 필요로 하는 사람들이 급속히 증가하고 있다. 과거 의료 전문직 외에는 허락되지 않던 의료적 행위를 받기 위해서는 병원에서 퇴원할 수 없다는 문제가 있었다.

그 후 의료제도의 개선으로 급성 치료를 끝낸 환자가 오랫동안 병원에 남을 수 없게 되고, 의료 종사자 수 부족 등의 이유로 재택, 입소시설의 환자에 대해 의사의 지시에 따라 간호사나 가족 등에 한해 경관영양 등 염증의 흡인, 소변 유도, 호흡 관리 등 일상생활을 유지해 가기 위해서 필요한 행위가 허용되었다.

그러나 그런 행위를 한정된 사람밖에 할 수 없기 때문에 가족 개호사에게 크나큰 부담을 주거나, 환자 본인의 사회참가를 방해하는 결과가 되었다. 또 의료적 행위를 필요로 하는 고령자나 장애인이 시설 등 다양한 생활 장소에서 의료를 계속 받으면서 생활하고 싶을 때, 생활보조원이 의료(보조) 행위를 담당할 수밖에 없는 상황은 방치할 수 없는 문제가 되었다.

그와 같은 상황에서 사회복지사 및 개호복지사 법의 일부 개정에 의해 2012년 4월부터 장애 복지 서비스에 관해서도 일정한 연수를 받은 생활보조원이 일정한 조건하에 경관영양이나 염증흡인을 실시할 수 있게 되었다.

(4) 식생활과 영양지원

이용자의 의식주 생활 중에 음식이 차지하는 비율은 매우 크다. 풍부한 생활은 요리 내용은 물론이고, 화목하고 즐거운 분위기를 만드는 것이 건강지원의 입장에서 봐도 중요한 요소이다. 또 여행이나 외출, 외박 등 시설 밖에서의 식사예절도 포함해서 습득될 수 있도록 지원할 필요가 있다. 맛있는 식사나 좋아하는 음식은 생활 의욕을 높이는 것이다.

① 조리상의 마음가짐

'여름에는 시원하게, 겨울에는 따뜻하게', '제철 식재를 사용한다', '따뜻한 음식은 따뜻하게, 찬 음식은 차갑게'와 같이 계절감이 넘치는 적정 온도 섭취가 가능하도록 유의하고자 하는 것이다. 행사 음식도 자칫하면 단조로워지기 쉽지만, 취향을 모아서 즐거운 것으로 하고, 18세 이상에서 70세를 넘는 등 연령 폭이 큰 시설에서는 기호나 식생활의 차이를 조리 내용에서 활용하고자 하는 것이다. 시각중복장애인의 식사이기 때문에 먹기 쉽게 만드는 연구가 필요하다. 그 외에 씹기나 삼킴의 상황에 맞게 최적의 식사를 제공해서, 양호한 영양상태를 유지하도록 하지 않으면 안 된다.

② 식생활의 특징

시각중복장애인이기 때문에 색채나 모양, 담는 법의 변화에 대한 반응이 적은 것은 어쩔 수 없어도, 자기중심적인 기호의 강도는 알 수 있다. 또 잘 씹지 않고 삼키거나(빨리 먹거나), 통째로 삼키는 것도 보이고, 소화흡수 능력 부족과, 공복감으로 인한 간식의 과다섭취, 비만이나 변비로 인한 불안정한 식사 섭취 등의 악순환을 반복하는 것을 볼 수 있다. 이 외에도 영양편중, 입소 전 식생활과 다른 점을 전제로 하여 지원할 수 있도록 한다.

③ 영양과 식단

"일본인의 식사섭취 기준"(2010년판)은 국민의 건강유지·증진, 생활습관병의 예방을 목적으로 해서, 에너지 및 각 영양소 섭취량의 기준을 나타내고 있다. 에너지 식사섭취 기준은 신체 활동 수준·성별·연령에 의해 산정하고 있다. 신체 활동 수준 Ⅱ(평균)에서 18~40세 남성의 경우, 하루에 필요한 에너지는 2,650kcal, 여성은 2,000kcal 정도이다("일본인의 식사섭취 기준"은 5년마다 개정된다).

이용자는 질병을 가지고 있는 경우가 많아 기본적으로는 염분이나 동물성 지방을 빼고 양질의 단백질, 비타민, 미네랄 등을 충분히 섭취하도록 해서 영양의 균형을 항상 유의하고, 특히 곡류, 설탕의 과다섭취는 영양의 균형을 무너뜨려 비만에도 연결된다. 그래서 영양사는 개별 상황에 맞춰 영양 계획을 세우거나, 의사나 간호사와 연계해서 영양 관리를 실시해 적절하고 맛있는 식사를 제공할 수 있도록 노력할 필요가 있다.

식단은 주식·주반찬·부반찬을 기본으로 균형 있게 작성하는데, 연령차, 생육력의 차이 등을 고려해서 다양한 식품을 조합하고, 조리법에도 변화를 갖는다. 색조의 변화를 보완하기 위해 감귤류를 이용하는 등의 연구도 필요하다. 먹기 쉬운 점에서 혼합밥류나 여러 가지 샐러드 등이 선호된다. 희망하는 경우, 생선은 한 마리보다 토막이 될 수 있도록 뼈가 적은 것을 고르고, 고기도 먹기 쉬운 크기로 자르도록 한다.

그 외에 씹기나 삼킴의 상황에 맞게 최적의 식사를 제공해서 양호한 영양 상태를 유지시키지 않으면 안 된다. 그릇에 담는 것도, 이용자가 보이지 않는 사람이라 할지라도 화려하게 구색을 맞추어, 먹기 쉽고 맛의 변화도 음미할 수 있도록 한 가지 음식이라도 보기 좋게 담아야 한다.

지원자는 이용자의 식사를 잘 관찰해서 대변자로서의 식단 만들기에 적극적으로 참가해야 한다.

④ 복수 식단(선택 메뉴에 대해서)

선택 메뉴나 뷔페 방식은 이상적인 것이라고 말하지만 시각중복장애인에게는 다음과 같은 배려가 필요하다.

- 메뉴에 관해서 알기 쉽게 설명하고, 이용자가 선택하기 쉽게 한다.
- 뷔페는 설명이나 식사 시중드는 시간이 걸리기 때문에 미리 계획하여 지원자 수를 확보해 둔다.
- 식사를 평상시 뷔페 방식으로 했던 경우는 개별적으로 영양 균형에 대한 조언이 필요하다.
- 즐거운 식사를 위한 분위기를 만드는 것도 중요한 지원이다.

이 때문에 매일, 매 식사 선택 메뉴에 대한 제공은 곤란하지만, 주식의 선택이나 마실 것의 선택 등 연구하기에 따라서는 사용되는 것도 많기 때문에, 가능한 한 이용자가 식사를 즐겁게 할 수 있도록 적극적으로 노력할 필요가 있다. 시설에서는 한계가 있으나, 가능한 한 개인의 기호에 맞게 개별 대응할 수 있다면 이상적이다.

⑤ 식기와 상차림

식기류는 가열 소독에 견디고, 파손이 잘 안 되는 멜라닌수지성이 많이 이용되고 있는데, 이상적인 것은 도기가 바람직하며, 접시, 작은 주발류 등 용도에 따라 많이 갖추어야한다. 접시는 테두리가 높고 국그릇도 깊은 것이 좋다. 손에 장애가 있는 등 먹기 어려운 경우는 시판되고 있는 자조구(自助具)를 사용하고, 식기에 대한 연구(개선)로 인해 먹기 쉬워지며 자립도도 높아진다. 또 개개인에게 쟁반을 사용해서 식사를 한꺼번에 제공하고, 밥은 왼손 앞, 국은 오른손 앞에, 구운 음식이나 찐 음식은 왼쪽 안이라는 배식 형태를 기본으로 하고, 항상 같은 위치에 요리를 배치하면 식사하기 쉬워진다.

⑥ 식당에 대하여

테이블이나 의자는 중도장애 이용자를 위해 제작된 것을 제외하고 일반인의 것을 사용해도 좋다. 이용자에 따라서는 좌탁 쪽이 먹기 쉬운 경우도 있다.

식당 자리는, 비어 있는 자리에 앉는 것은 이해하기 어렵기 때문에 개별적으로 자리를 정해 주는 것이 이해하기 쉽다. 식당은 밝고 청결하며 즐거운 분위기 만들기에 유의해야 한다. 지원자가 뒤처리나 정리할 경우는 식기가 부딪치는 소리 등 시각장애인에게 예상 이상으로 귀에 거슬리는 것이 있다. 조용히 처리해서 즐거운 식사 분위기를 깨뜨리지 않도록 조심한다.

7. 여가지원 · 레크리에이션 지원

(1) 여가지원

① 여가란

여가란 "개인이 직장이나 가정, 사회에서 부여받은 의무로부터 해방되었을 때, 휴식을 위해, 기분전환을 위해 혹은 이득과 관계없는 지식이나 능력의 양성, 자발적인 사회참가, 자유로운 창조력 발휘를 위해, 완전히 임의로 하는 활동의 총체이다"('여가문명을 향해서', 나카지마 이와오 역, 현대사회학 도쿄창원사). 즉 하루의 생활 중에서 노동(일과 중 활동)과 생활(살아가는 것)을 제외한 모든 시간이 그 사람의 여가라고 말할 수 있다. 그것은 바꿔 말하면, 여가를 생각할 때는 그 사람의 생활 전체가 관계되는 일이라는 것이다.

사람의 생활은 그 사람이 존재하는 시대나 사회에 따라 현저히 다르다. 그래서 그 사람에게 장애가 있으면 그 장애에 대한 사회적 인식(장애인관)이 중요한 영향을 끼친다. 특히 자기 주장이 어려운 중복장애의 경우는 그 영향이 크다고 할 수 있다.

② 일상생활에서의 여가란

여가생활은 일상생활과 별개로 볼 수 없다. 개개인의 가치관이나 스타일에 기초해서 '어떻게 살아갈까'를 주체적으로 생각하고, 그 삶의 방식을 실현하기 위해 여가를 포함한 생활 흐름을 구성할 수 있다면 풍요로운 생활이 될 것이다.

인간으로서 살아간다는 것은 일이나 공부에 인생 전체를 거는 것이 아니라 일상생활, 일, 학습, 가족이나 친구, 대인관계, 많은 활동을 포함한 여가 등 여러 가지 사회적 생활을 자기 나름대로 만들어 가는 것이다. 이것은 중복장애가 있어도 같다고 말할 수 있다.

　인생의 다양한 무대에서 개개인이 자신의 생활을 풍요롭고 즐겁게 보내는 것은, 모든 인간에게 있어서 당연한 권리이다. 하지만 생활과 인생을 풍요롭게 하는 여가활동이란 도대체 어떤 것인가. 이제까지 해 왔던 특별한 행사나 이벤트를 일상생활 속에 도입하는 것뿐만 아니라 여가를, 생활 속에서 여러 가지 활동을 통해 상호 간에 보충해 간다. 다양한 활동에 대한 의욕이나 동기를 강화하기 위한 역할을 다하는 것으로 받아들여, 일상적으로 하고 있는 여가활동은 신선함 혹은 청량음료 같은 역할을 완수하는 것이라고 생각하는 '발상의 전환'이 필요하다. 보잘것없는 작은 것이어도 좋아하는 활동이 일상생활에 도입되는 것만으로 기분전환으로 이어지기 때문에, 다음 날 또는 다음 활동에 대한 동기나 의욕을 고취시키는 중요한 역할을 담당하게 된다.

③ 여가활동 지원이란

여가활동에 있어서 이상적인 지원은, 지금까지 학습해 온 기술이나 지식을 발휘하여 일상생활 속에서 활용하면서 생활하는 가운데 즐거움이라는 위치를 잡아 가는 것이다.

　그러나 중복장애인은 사회적 관계성과 주위 정보에 관한 의미가 이해되지 않아 혼란스러워하며, 의사소통이나 생활의 균형을 조정하는 일이 서툴기 때문에 적극적으로 여가활동을 즐기지 못하는 경우가 있다.

　또 시설에서 여가활동은 집단으로 하는 행사로 제공되는 경우가 많아, 그 사람이 좋아하는 활동이 일상적인 생활 속에서 정착하는 기회가 적다고 하는 현상도 있다. 그런 경우에는 다음과 같은 사항을 배려할 필요가 있다.

- 안심하고 지낼 수 있는 생활환경을 기반으로, 불안이나 혼란이 적은 활동을 제공한다.
- 활동 내용은 본인의 이해력 또는 적합성에 맞춰 가능한 한 즐길 수 있는 활동을 선택한다.
- 1~2분 만에 끝나는 활동이 아니라 일정 시간 보낼 수 있는 활동으로, 가능하면 자립해서 할 수 있는 활동을 계획한다.

- 이벤트나 행사 등의 일시적인 활동이 아니라 일상적인 생활에 도움이 되도록 조정한다.

④ 여가활동의 형태

여가활동에는 여러 가지 형태가 있다. 대략 다음과 같은 종류의 조합으로 성립될 수 있다. 여러 이용자의 필요에 따라 계획 단계로서 요소를 정리한다.

- 빈도 : 일상적인 활동, 정기적인 활동, 이벤트, 행사
- 기간 : 몇 시간의 활동, 반나절, 하루의 활동, 숙박을 동반한 여행
- 활동 장소 : 가정 내(자기방, 거실) 지역 자원의 이용, 공공 기관의 활용
- 규모 : 혼자서 하는 활동, 짝을 이루어 하는 활동, 그룹으로 하는 활동

⑤ 여가활동 개척

적극적인 여가활동이 정착되지 않은 경우, 새로운 흥미 관심을 찾아내는 것은 매우 곤란하지만, 다음과 같은 시점에서 일상생활을 평가해 개개인에게 맞는 여가활동을 도와주는 것을 말한다.

a. 흥미 관심을 찾는다

장애인은 "흥미 관심을 갖는 것이 아무것도 없다"고 말하는 사람이 있지만, 흥미를 찾는 기준을 우리의 상식에서 그들의 가치관으로 수정할 필요가 있다. 소재의 감촉, 기존 규칙에 얽매이지 말고 다양한 관점에서 흥미 관심거리를 찾아내는 것이나 그들이 즐거워하는 방식을 인정해 가는 것도 중요하다.

b. 흥미를 살리는 활동을 만들기 시작한다

흥미가 있는 것을 알고 있어도 활동으로 자리 잡지 못하거나, 사회적으로 인정받지 못하고 문제 행동이 되는 경우가 있다. 이것도 일반적인 규칙 등에 얽매여서, 어려운 것을 기대하지 말고 본인이 즐겁게 놀 수 있는 방식으로 다시 만들거나, 흥미 있는 소재를 활용해서 활동을 만들어 내겠다는 발상이 중요하다.

c. 일상적인 생활 속으로

여러 가지 즐거움을 갖고 있지만, 비어 있는 시간을 유효하게 활용하지 못하는 사람이나, 자신이 즐겁게 여가활동을 할 기회가 적어 생활 속에서 제대로 자리 잡지 못하는 사람도 있다. 이 같은 사람의 경우, 새로운 경험을 늘려 가는 것보다 가능한 한 좋아하는 것을 자연스럽게 생활 속에서 정착시키는 것이 중요하다.

d. 사회적인 활동으로

시각중복장애인이 사회 속에서 안심하고 활동할 수 있는 것은 본인의 생활을 넓혀 가는 데 머무르지 않고, 장애인과 지역사회의 가교 역할을 만드는 것과도 연결된다. 장애인 본인에 대해서 과제를 축적하고, 사회적 활동을 할 수 있도록 하여 지역사회에 나갈 수 있게 하는 일도 중요하다. 즉 사회에 이해를 구하거나, 장애인과 사회가 자연스런 모습으로 공존할 수 있도록 해 주는 코디네이터(coordinator)가 지원자에게 강하게 요구되고 있다.

⑥ 이용자 중심 지원

시각중복장애인의 여가활동은 본인 중심으로 생각하지 않고서는 본래의 의미를 상실해 버린다. 그 때문에 케어매니지먼트(care management)의 시점을 토대로 본인 중심의 지원을 해 나갈 필요가 있다. 케어매니지먼트 프로세스는 7단계로 나타낼 수 있다.

- 정보 공개 : 지원되어야 할 욕구를 공개하고, 그들의 욕구에 맞는 조정 자원을 활용해 간다.
- 평가 수준의 결정 : 개별 욕구를 정확히 파악하고 적절한 수준의 욕구 평가를 조정해 간다.
- 욕구 평가 : 개별 욕구의 이해와 동시에 복지기관의 정책이나 우선성도 관계시켜 개입 목적에 관한 동의를 얻는 단계가 된다.
- 케어플랜(care plan)의 작성 : 욕구 평가에 기초해서 목적을 달성할 수 있도록 최선의 협의 방법과 개별 케어플랜에 관한 협동체제를 만든다.
- 케어플랜의 실행 : 필요한 자원 서비스의 확보가 요구된다.

- 모니터링 : 케어플랜에 기초한 서비스 제공의 계속적 지원과 통제를 해야 한다.
- 재검토 : 일정한 간격으로 케어플랜을 살펴보기 위해 욕구와 서비스 성과를 재평
  가해 본다.

이와 같이 이용자 본위의 접근, 적절한 케어플랜의 실행, 면밀한 평가에 기초한 케어
플랜의 실행, 이용자 의지나 선택성 존중, 계속성과 책임성, 프로그램 제공자 측의 통합
등이 요구되어 지원자가 이용자의 마음의 소리를 듣고, 욕구를 감성적으로 풍부하게 이
해하며, 목표나 과제를 명확히 할 때, 함께하는 기쁨을 누리는 것이 필요하다.

(2) 레크리에이션 지원

① 레크리에이션이란

레크리에이션이란 "자유에 대한 바람에 기초한 인간성의 회복 · 재구조"라고 생각되어,
인간다운 생활에서 빼놓을 수 없는 '즐거움'을 만들어 내는 여러 가지 행위를 총칭하는
것이며, 사람의 생존권 및 자유 그리고 행복 추구권에 기초를 두고 있다. 레크리에이션
은 빼앗을 수 없는 '기본적 인권' 그 자체이다. 또 생활을 '놀이'와 관련시켜서 그 질적 ·
문화적 향상을 목표로 하는 것으로, 놀이를 활성화시켜 인간다운 몸과 마음을 재창조하
는(새롭게 다시 만드는) 생활이다.

종래의 일반적인 레크리에이션에 대한 정의는 노동에 대해서 원기회복 요청에 부응
하는 것이었으나, 레크리에이션의 가치는 생활 그 자체를 고양하는 것이어서 의식주에
관련되는 기초생활 장면이나, 일이나 봉사 같은 사회생활 속에서도 레크리에이션은 추
구될 수 있다.

사람과의 관계를 원만하게 하는 힘을 가진 점은 집단적으로 이루어지는 가치가 있지
만, 최종적인 목적은 개인의 주체적인 활동을 늘리는 것이고, 자기실현과 개성 발휘의
기회가 되도록 하는 것에 레크리에이션의 가치가 있다.

② 레크리에이션 지원이란

일상생활에서 레크리에이션 지원으로 중요한 요소는 '이용자의 주체성 존중', '즐거운

생활의 실현' 그리고 '행동 변화의 추구'이다. 레크리에이션 지원은 어디까지나 이용자의 입장에 서서, 이용자가 주체적으로 레크리에이션을 즐길 수 있도록 지원하는 것이 중요하다.

이를 위해 이용자의 생활력(生活歷)이나 여가력(餘暇歷)을 토대로 충분히 평가하여, 이용자의 레크리에이션 자질을 이해한 후에 지원하는 것이 필요하다. 레크리에이션 재료를 선택하는 경우도 그 이용자에게 재미있는 레크리에이션 재료인지, 개인으로 즐기는 것을 지향하는지, 집단으로 즐기는 것을 지향하는지 등을 충분히 검토한 후에 레크리에이션 지원을 한다.

또 이용자의 행동 변화를 명확히 평가할 필요가 있고, 평가를 실시하기 위해서는 레크리에이션 지원 후의 기록이 반드시 필요하다. 기록이 있어야 처음으로 객관적인 사실을 모아 분석하는 것이 가능하기 때문이다. 유의점으로는 이용자의 능력이나 흥미에 맞는 활동을 선택했는지, 단순히 활동의 적응성만을 보는 것이 아니라 활동참가로 생활의 질 개선 유무에 평가의 초점을 맞춰 행동 변화를 정확하게 평가할 수 있도록 해서 보다 좋은 레크리에이션 지원이 가능하도록 한다.

③ 레크리에이션 이후

레크리에이션은 폭넓은 개념으로, 무언가의 '수단'으로서 게임이나 즐거운 프로그램을 제공하는 경우가 있다. 또 때로는 휴양이나 기분전환을 위한 활동을 제공하기도 한다. 한편 먹는 것이나 입는 것 등 '일상생활 행위' 그 자체를 쾌적하게 하는 지원이나 취미나 스포츠 등 그 자체를 즐기는 것, 그것을 통해서 삶의 보람이나 자기실현을 추구하는 것을 목적으로 하는 지원 실천도 있다.

어느 경우에도 공통된 기반은 '즐기는 것'이라는 사고방식이 있어, '즐기는 것'이 인간을 생기 있게 만들고 살아가는 '힘'을 자신도 모르게 불러일으킨다. 여러 가지 상황이나 이용자의 상태에 따라 레크리에이션을 수단 또는 목표로 하는 경우가 있지만, '살아가는 힘＝넓은 의미의 자기실현을 목표로 하는 지원'으로서 레크리에이션 활동지원을 사회복지 서비스의 하나로 규정하여 실천해 가는 것이 앞으로 추구해야 할 일이다.

8. 여가 · 레크리에이션 지원 사례

여가(지원) · 레크리에이션(지원)의 실시 상황에 대한 아래 내용은 11개 시설에서 설문 조사에 응답한 활동 항목으로 나열하였으며, 여가지원에서는 운동과 문화 활동을 분류하였다.

(1) 운동

※ 운동에 대해서는 시각장애인용 보조기구 및 내용을 소개한다.

항목	활동명	
운동활동	산책, 경보, 마라톤, 등산, 체조, 스포츠 레크리에이션, 수영, 에어로빅, 배구, 볼링, 소프트볼, 탁구, 축구, 공 던지기, 육상, 덤블링	
	경기종목	**보조구 및 내용**
시각장애인용의 활동 일례	마라톤	• 가이드러너라고 부르는 동반자와 달린다. • '연결'이라 부르는 띠를 동반자와 묶는다.
	등산	• 파트너(정안인)와 함께 등산한다.
	공 던지기 (투척경기)	• 던지는 방향에서 소리가 울리는 방향으로 던진다.
	수영	• 통상적인 수영 코스를 사용한다. • 충격 방지를 위해 벽에 도착할 때 신호를 보낸다.
	탁구	• 탁구대는 주위에 공이 떨어지지 않도록 고안한다(탁구대 양측에 높이 10cm 정도의 판으로 고정). • 납(또는 구슬)이 들어간 탁구공을 사용한다. ※ 굴러가는 소리에 반응해서 라켓으로 네트 아래를 통과하도록 쳐서 넘긴다.
	볼링	• 방향 등을 배워서 공을 던진다.

(계속)

항목	경기종목	보조구 및 내용
시각장애인용의 활동 일례	배구 (거실배구)	• 용구나 코트는 통상의 것을 사용한다. • 네트는 볼이 통과하는 높이에 설치한다. ※ 전위 3인(눈가리개 착용)과 후위 3인(정안인 또는 저시력인)의 6인제로 정한다. • 후위는 전위에 지시를 내리면서 네트 아래로 공을 굴린다.
	소프트볼 (운동장 소프트볼)	• 소프트볼의 코트를 사용한다. • 공은 핸드볼 크기의 것을 사용한다(방울이 들어 있는 공을 사용). • 한 팀은 10명으로 한다. • 투수는 반드시 전맹선수로 포수가 손뼉을 쳐서 던지는 방향을 전해 준다. • 부상방지를 위해 수비와 주자가 부딪히지 않도록 주루 베이스와 수비 베이스를 구분한다. • 전맹선수가 수비에서 땅볼을 잡아도 아웃으로 한다.
	축구 (공 차기)	• 풋살 코트를 사용한다. • 헬멧과 눈가리개를 착용한다. • 시합시간은 전후반 25분으로 합 50분으로 한다. • 5인제로, 코치가 상대방 골대 뒤에서 멤버에게 지시한다. • 골키퍼는 정안인이 맡는다.

(운동활동의 정리)

참고사항으로 시각장애인용 규칙을 각 조항에서 소개하고 있지만, 시각중복장애인의 경우 조를 짜는 것의 어려움을 생각해 볼 수 있다. 이용자에게 맞는 경기 내용을 고안해서 많은 사람이 스포츠를 가까이 즐길 수 있게 한다. 여기에 소개하지 않은 경기에 대해서도 장애 특성에 맞추어 고안할 필요가 있다.

(2) 문화

활동의 종별	내용	비고
꽃꽂이	형태, 향기, 만지기 등 계절을 느끼기	• 꽃을 선택하거나, 길이를 조절하는 설명에 대해서 이미지를 파악하지 못하면 지원이 필요하다.
노래교실	노래 부르기	• 희망곡을 듣고, 곧 노래 부를 수 있도록 준비한다. • 많은 사람이 참가할 수 있는 활동으로 하고, 듣는 것만으로도 즐거움이 있다.

음악	밴드를 결성해서 합주하기	• 현악기는 습득이 어려우므로 따라 하기 연습이 필요하다. • 악기에 점자를 표시해 두는 등 고안이 필요하다. • 행사에서 발표하는 것을 목표로 조를 구성한다.
대금	대금 연주하기	• 행사에서 발표하는 것을 목표로 조를 구성한다.
큰북	큰북 연주하기	• 행사에서 발표하는 것을 목표로 조를 구성한다.
무용댄스	댄스나 요가하기	• 여러 가지 템포의 곡에 맞춰 춤을 춘다. • 시각장애 때문에 모방이 어려우므로 곁에서 지도가 필요하다.
원예	양계, 환경정비(풀 베기 등), 농작물 기르기	• 역할분담을 명확히 해서 팀을 구성함으로써 자주성이나 책임감을 키워 준다. • 야외 활동에는 건강과 안전을 배려한다.
수공예	지점토 세공, 종이접기 공예, 도자기, 종이 붙여 그리기	• 침착하지 않은 이용자라도 그림을 그리기 시작하면 집중해서 안정된다. • 여러 번 실패해도, 작품이 나왔을 때 성취감이 크도록 즐겁게 하는 조를 짠다.
연극	발성 연습 · 대본 작성 · 비디오 감상 · 영화 감상 발표	• 풍부한 감정표현이 가능하도록 지원한다. • 극장에서의 영화 감상 등은 경험의 확대로 연결된다. • 행사에서의 발표는 이용자에게 격려도 되고 큰 자신감으로 연결된다.
조리	음식 조리하기	• 상처나 식중독 등이 없도록 유의하여 기구나 식재료를 다룬다. • 조리 작업을 개개인이 즐길 수 있도록 역할분담한다. • 식사제한이 있는 이용자는 칼로리 등을 조정한다.
낭독	그림책 읽기, 듣기	• 이용자의 희망이나 상황에 맞게 내용을 선택한다.
컴퓨터	컴퓨터 기술 향상시키기	• 음성 컴퓨터, 점자 등의 보조공학 기구를 사용한다. • 의사소통 수단으로서 활용한다.
점자	점자 쓰기와 읽기	• 습득한 점자를 잊지 않도록 활동을 통해 연습한다. • 지역의 점역 서클과 교류를 가져 (지역)사회와의 접점이 되게 한다. • 가족, 지인에게 편지를 쓴다.

(계속)

활동의 종별	내용	비고
드라이브	차로 외출하기	• 차가 흔들리는 체감을 즐긴다. • 여가의 충실이나 기분전환 활동이 되게 한다. • 편의점 등에 들러서 음료, 과자 등을 구입한다.
쇼핑	개인 쇼핑 하기	• 개별적으로 일용품과 과자를 구입하거나 소수로 찻 집 등에 가서 즐긴다. • 계획적으로 돈을 소비하고, 원하는 것을 생각하며, 지역에 나갈 기회를 갖는다.
자치활동	식사, 활동 내용을 선택 하고 결정하기	• 참가 이용자 중에서 회장을 선출해서 모두가 협의해 가면서 활동 등의 내용을 정한다. • 참가자의 자발성을 기르고, 자기실현의 장이 되도록 신경 쓴다. • 집단의식을 갖지 않는 참가 이용자에 대해서는 대응 이 필요하다.

(문화 활동의 정리)

문화 활동 설문에서 공통으로 나온 것으로, 시력을 사용해서 이해할 수 없기 때문에 활동 이미지 생성의 어려움이 거론될 수 있다. 그러나 활동에 대한 확대가 많고, 출전이나 발표 등 활동 참가자 이외에도 활동을 통해서 즐길 수 있는 요소가 많아 보인다. 또 목적이나 목표도 개인 설정이 쉬워서, 이용자 개인과 지역이나 사회와의 연결이 쉽다는 것도 거론되었다.

(3) 레크리에이션 지원(행사)에 대해서

	회원 시설에서 하고 있는 주된 행사(2008년 10월 조사)
4월	부활절 기념회, 개관기념축회, 교류회, 꽃구경, 입소식, 훈련 개회식, 딸기 따기, 하이킹, 바비큐 파티, 카레 대회
5월	스포츠 레크리에이션, 사회참가 스테이지, 식사 모임, 그룹 외출, 구기대회, 단오 글짓기, 야외 바비큐 파티, 학원 축제, 지역연합 운동회, 장애인 스포츠대회
6월	쇼핑, 봄 운동회, 당일 여행, 개원 기념, 1박 여행, 춘계 레크리에이션대회, 지역 소운동회 초대 교류회(지역 소학교 학생), 점심 뷔페, 장애인 스포츠대회(육상경기), 사회 견학, 버스 투어
7월	여름 페스티벌, 지역봉사, 여름 축제, 칠석, 강가 물놀이, 캠프, 물놀이, 하계 레크리에이션
8월	상호접촉 연수회, 여름 축제, 납량(納凉)제, 중기 훈련 개회식, 칠석 모임, 추석 축제, 유람선, 사회 견학 여행(당일)
9월	쇼핑, 소풍, 운동회, 억새 채취·배포, 납량제, 미각대회, 1박 여행, 교류회(지역 소학교 학생 내원), 학원제, 스포츠 레크리에이션대회, 사운드 페스티벌, 사회 견학, 종합 방재 훈련
10월	교류 레크리에이션, 축제, 1박 여행, 운동회, 자선바자회, 체험학습(지역 중학생 내원)
11월	떡 만들기, 친목회, 라이트하우스 축제, 가을 축제, 추수감사제, 상호 접촉 광장원 축제, 신악(神樂) 경연대회, 문화제 초대 응하기, 2박 여행, 당일 여행
12월	크리스마스 모임, 망년회, 카레 만들기, 떡 만들기
1월	신년회, 초예(初詣, 새해에 신사나 사찰에 첫 참배를 하는 것), 신년회, 떡 만들기 대회, 성년식, 시각장애인을 위한 교양 세미나
2월	식사 모임, 절분(節分), 온천 외출, 눈축제, 밸런타인데이
3월	학년말 종업식, 문화제, 납회식(그해를 마무리하는 의식), 히나축제(3월 3일 여자 아이의 명절에 지내는 행사), 화이트데이
수시	가족의 날, 계절 행사, 초대 행사

(4) 여가 · 레크리에이션 지원 설문조사 정리(2008년 10월 조사)

이전 핸드북 작성 때까지만 해도 여전히 장애인들의 조치(措置)제도 안에서 시설 운영이 이루어지고 있었다. 그러나 계약 제도로 이행되어 장애인 자립지원법이 시행됨에 따라 시설 형태도 변화하였다.

이번의 여가 · 레크리에이션 활동지원 사례를 검토하여, 시대 배경의 영향인지 아닌지 항목마다 회답을 열거한 것을 정리해 보았다(설문지 회수 11개 시설).

① 장애인 자립지원법 시행 후 여가 · 레크리에이션 활동 시간은 어떠한가?

회답	시설 수
증가하고 있다	2개 시설
변화 없다(회답 없음 포함)	6개 시설
감소하고 있다	3개 시설

증가 또는 감소하고 있다고 생각하는 이유는 무엇인가?

(증가하고 있다)

- 지원에 관한 착안점으로서, 집단에서 개별로 지원의 비중이 변화했다. 또 욕구(개별 면담)에 대응해 가는 중에 외출 지원이 현저히 증가했다.
- 지금까지 활동이 없었던 오전 중에 작업, 창작 활동과 편안한 휴식을 취하도록 했다.
- 일과 중에 여가와 주말의 여가활동을 재검토한 후, 새로운 체계로 이행한 후를 의식하여 활동 만들기를 계속해 나갔다.

(감소하고 있다)

- 식비가 이용자 부담으로 된 것이 큰 영향이 있었다고 생각된다.
- 새로운 체계로 이행한 후 '시설 입소 지원'과 '생활보호(일과 중 활동)'로 나누어, 이행 전 여가, 레크리에이션 활동은 거의 생활그룹(시설입소 지원)으로 실시하고 있었기 때문에 '생활보호(일과 중 활동)' 시간대가 증가했다기보다는 여가 · 레크리에이션 시간이 적어졌다.

② 시설에서 여가 · 레크리에이션(행사 포함)에 관한 재검토를 하고 있는가?

회답	시설 수
한다	9개 시설
안 한다	1개 시설
회답 없음	1개 시설

어떤 재검토를 하고 있는가?

- 소그룹으로 나누어 하고, 욕구에 응한다.
- 이용자 전체가 즐거울 수 있도록 규칙이나 도구를 연구한다.
- 주로 토요일과 일요일에 하고 있기 때문에 지원자 배치가 엄격한 상황이지만, 변함없이 실시하고 있다. 단지 토요일과 일요일은 자립지원법 제도상 지원자 배치가 적고, 실제로도 지원자 배치가 적어지고 있어 이제부터 재검토할 필요가 있다.
- 전년도의 반성을 통해서 이용자가 즐거울 수 있도록 매회 검토하고 있다.
- 실정에 맞지 않는 것은 중지하고 있다.
- 활동 내용, 활동 장소, 5개의 클럽에서 적당한 것인지, 클럽을 증가시킬 필요성은 없는지 등을 검토 및 재검토하고 있다.
- 자신의 생각을 전달할 수 없는 이용자에 대해 대응하는 시간을 증가시키고 있다.
- 학원 축제나 운동회 등 준비에 상당한 수고나 시간이 걸리는 행사는 일과 중 활동(생활보호)에 큰 영향을 주지 않도록 효율성이 요구되는 일과 중 활동에 대한 중점이 커지고 있다.
- 고령자를 배려하는 내용을 검토하고 있다.
- 행사에 관해서는 위원회 방식에서 재검토, 입안, 반성 등을 하고 있다.
- 행사는 축소되고 있지만, 여가나 클럽 활동이 활발해지고 있다.
- 활동에 참가하는 때 이외의 시간대에 관한 활동 보증에 대해서 선택사항을 증가시키고, 활동 내용에 대해서도 수시로 검토하고 있다.

③ 여가 · 레크리에이션 활동 시간에 봉사자의 참가가 있는가?

회답	시설 수
있다	9개 시설
없다	1개 시설
회답 없음	1개 시설

봉사자 활동 내용

활동 종별	활동 항목
행사	각종 행사, 여름 축제, 운동회, 간이음식점, 계절 행사, 크리스마스 모임, 납량제, 떡 만들기 대회
활동	수영, 산책, 원예, 수예, 대금, 컴퓨터, 음악, 큰북, 밭 작업, 글자 연습, 점토 그림, 원예
여가	낭독, 가이드 헬퍼, 애니메이션 치료, 봉사자 교류
시설	이름 쓰기, 환경 위생, 설비 수리, 바느질감

④ 정리

11개 시설의 설문 결과로부터 장애인 자립지원법의 시행과 함께 여가 · 레크리에이션 (행사 포함)에 대한 재검토가 실시되고 있다는 것을 알 수 있었다. 그 요인으로는 ① 개별 욕구에 대한 대응, ② 시설 재편에 대한 준비와 새로운 체계로의 이행이 있었으나, 개별 욕구에 대한 대응에 대해서는 '집단에서 개인으로'가 하나의 키워드가 되었고, 또 시설 재편에 대한 키워드로 '지원자 배치의 문제'가 거론되었다.

　여가활동이나 레크리에이션 활동(행사) 지원은 이용자 자신이 생활 속에서 삶의 보람과 충실감을 가까이에서 느낄 수 있는 것으로, 지역사회와 관계를 가진 수단으로서의 중요한 역할이 있다. 그것을 충실히 도모한 후 시설에만 그치는 종래의 지원뿐만 아니라, 다양한 이용자 욕구에 맞는 활동을 제공하기 위해서는 봉사자의 협력이 필요 불가결하다.

이와 같이 시설이 지닌 상황은 다양하지만, 이용자의 욕구에 대응할 수 있도록 각 시설과 함께 검토 · 재검토를 진행하고 있는지를 이 설문조사에서 찾을 수 있었다.

9. 창작활동

'창작'이라는 의미는 사전에 의하면 "① 처음으로 만드는 것, 만들기 시작하는 것, ② 예술적 감흥을 문예 · 회화 · 음악 등의 예술작품으로 독창적으로 표현하는 것, 또 그렇게 표현된 작품, ③ 만드는 것 등"이다. 여기서 말하는 창작이란 앞의 ②가 주로 해당된다. 즉 일정한 절차에 따라 일을 하는 것도, 또 아무것도 하지 않고 느긋하게 시간을 보내는 것도 아니며, 시간을 유용하게 사용해서 개성이나 그 표현을 통해 무언가를 만들어 내는 것이다.

내용적으로는 회화나 조형이나 음악 등 이용자 적성이나 지향하는 바에 맞는 것을 생각할 수 있다. 특히 시각중복장애인에게 무언가를 모방하는 것은 어렵기 때문에 개개인에게 맞는 내용이 요구된다. 다음은 일본 맹중복장애인복지시설연구협의회 가맹시설에서 주된 창작활동으로 전념하고 있는 내용을 다룬다.

그림 4-2 가맹시설의 주요 창작활동　　　　　　　　　　　　　　(2008년 설문조사에서 발췌)

주요 내용	구체적 내용
수예	재봉, 직물, 스트랩(휴대폰 줄) · 펜던트 등 작은 물건 만들기
도예	접시, 컵 등
점토 세공	자유로운 조형, 계절에 맞는 조형
지공예	골판지 공예, 엽서 만들기, 퍼즐 만들기, 주사위 놀이판 만들기
회화	판지 공작, 판화, 종이 붙이기 그림
음악활동	곡의 창작, 악기의 표현, 곡에 맞추어 신체를 움직이기

제2장 ⠿ 작업지원 ⠿

움직이는 것, 작업한다는 것은 시각중복장애인에게 경제적 자립은 물론 인간으로서 살아가는 기쁨을 실감하고 인격의 발달을 촉진하는 중요한 장이 된다. 작업에는 '사람을 몰두시키고, 지속시키는 매력이나 즐거움, 생산하는 작품의 가치나 기쁨'을 제공하는 성격이 내재되어 있다.

　그러나 주지하는 바와 같이 시각중복장애인의 중도(重度)화, 고령화 경향은 작업지원을 진행하는 데 있어서 큰 문제를 제기한다. 가장 큰 문제는 어떤 목표하에, 어떤 지원 내용을, 어떤 방법으로 할 것인가라는 것이다. 하지만 장애 정도와 작업능력이 반드시 일치하는 것은 아니다. 예를 들면 중도의 시각중복장애인이라도 작업조건이 적합하다면 작업능력을 발휘하는 것에 그다지 어려움은 없다.

　따라서 작업에서 불리한 조건을 극복하기 위해서는 어떻게 해야 할지를 항상 생각하고, 작업지원에 종사하는 지원자는 참신한 발상하에 대처해야만 한다. 그리고 작업지원이라고 하면 종래의 관념에 사로잡혀서 그 기능을 몸에 익히는 것에만 중점을 두기 쉽다.

　중도 시각중복장애인일수록 특정 단순 작업분야를 몸에 익히는 것이 곤란하다. 따라서 개개인의 전반적인 능력이 발휘될 수 있는, 다양한 작업분야를 개척하는 것이 바람직하다. 그리고 직접적인 수익으로 연결될 가능성이 적은 작업 내용이라도 무언가의 직업훈련 활동에 의해 심신의 적응성이 개선되고 작업능력이 높아질 수 있다.

1. 작업지원이란

(1) 작업지원의 목적

작업지원의 목적은 단지 기능 습득만을 노리는 것이 아니라 작업을 통해서 운동기능, 감각기능 향상과 정신적 안정을 얻고, 일상생활에 필요한 기본적 지식, 기능, 태도를 몸에 익힘과 동시에 건강한 신체와 마음을 키우고 전인격적인 발달을 촉진시키는 것이다. 구체적인 목적은 다음과 같다.

① 자신이 사용하는 기계나 도구, 재료의 위치나 특징 및 역할을 이해하고, 명칭이나 관련된 용어를 알고 올바르게 사용한다.
② 협응동작(신체의 각 부분이 하나의 운동 또는 동작을 만들어 내는 것 ─ 오른손과 왼손, 손과 발 등), 주의력 집중, 배분, 지속 등 기초적인 작업기능을 높인다.
③ 동일한 작업을 반복함으로써 재료나 움직이고 있는 기계의 속도에 적응하고, 공포심을 없애 끈기를 가지고 계속하는 힘을 높인다.
④ 정확하고 꼼꼼하게 작업하는 습관을 키운다.
⑤ 자신에게 맡겨진 일은 도중에 자리를 이탈하지 않고 끝까지 해낸다.
⑥ 자신의 역할을 생각하고, 타인과 협력하면서 일한다.
⑦ 작업 흐름, 절차를 이해하고 능률적인 방법을 연구하면서 작업한다.
⑧ 기계, 도구를 안전하게 취급하는 방법을 알고, 위험방지를 위해 노력한다.
⑨ 경제생활에 관심을 가지고 금전 처리에 익숙해진다.

(2) 작업지원의 위치 설정

작업지원은 이용자의 목표에서 중심적인 존재가 되는 경우도 적지 않기 때문에 작업지원을 핵심으로 지원체계를 편성하는 것이 바람직하다. 그리고 작업지원이 단지 작업기능의 습득으로만 끝나지 않고, 일상생활 전반에서 활력원이 된다는 점에서 영향력이 크기 때문에 충분한 배려가 이루어져야 한다.

시각중복장애인시설에서는 생산활동에 종사하면서 사회참여의 기쁨을 얻는 것을 목표로 하는 시설이나, 당면 목표로 상품화가 목적이 아닌 '훈련'으로 위치를 정하는 시설도 있다. 작업기술 습득, 작업할 때의 기본적 태도, 창조성, 작업능력의 개발, 지속력 양성, 집단 적응 등을 목적으로 하고 있다.

시각중복장애인 작업지원을 하는 데 있어서 동기부여, 흥미, 관심, 반복훈련의 지원내용은 중요하다.

(3) 작업 종목의 선정

작업지원을 효과적으로 하기 위해서 어떤 작업 종목을 도입할지는 매우 어렵고도 중요한 과제이다. 선정 조건의 기초로서 개개인의 실태, 지원자 능력, 지역 실태, 시설, 설비 상황 등을 생각해 볼 수 있다.

이러한 조건을 기초로 다음과 같은 사항을 고려해서 선정한다.

① 연간 상시 계속적으로 할 수 있는 것(안정수주)
② 작업공정이 다양하며, 능력에 맞는 지원이 가능한 것
③ 작업으로서 발전요소가 많은 것
④ 신체 각 부분의 근육이나 감각기관을 단련하는 데 도움이 되는 것
⑤ 동력기계를 충분히 사용할 수 있는 것
⑥ 사회와의 연계를 작업하는 이용자도 알 수 있는 것
⑦ 제품의 좋고 나쁨을 쉽게 구별할 수 있는 것
⑧ 판로가 확실해서 누구나 그 활동에 참가할 수 있는 것
⑨ 이용자에게 의욕을 불러일으키고, 성취감이 드러나는 것
⑩ 자유로움이 있고 창조성이 있는 것
⑪ 이용자나 지원자가 흥미를 갖고 할 수 있는 것
⑫ 위험성이 적고, 이용자가 위험성을 극복할 수 있는 것

선정 조건 중에서 가장 중요시되어야 할 것은 이용자 개개인의 실태와 지원자 능력이다. 그중에서도 지원자의 열의와 흥미, 관심은 언뜻 불가능해 보이는 것이라도 가능하

게 만들 정도로 힘을 가지고 있고, 지원자가 흥미를 보이며 기꺼이 작업에 몰두할 수 있는 것이 적합하다. 각각의 내용을 개별 지원 계획의 중심에 위치시켜 이용자의 능력, 적성에 맞는 작업 내용으로 지원하도록 배려한다.

작업의 종류는 다음과 같이 구분할 수 있다.

단순작업 ······ 상황 변화에 대응할 필요가 적은 것
농작업 ······ 육체를 필요로 하는 것(농경, 축산 등)
수작업 ······ 손이나 공구를 사용해서 재료 가공 등을 하는 것(공예품 등)
기계조작작업 ······ 각 기계에 측정도구 위치를 정확하고 쉽게 정하는 기구를 부착하고, 반복작업을 하는 것(드릴 프레스 등)
조립작업 ······ 금속이나 플라스틱 부품을 조립하는 것

표 4-3 회원 시설에서의 작업 내용 (2008년 설문조사에서 발췌)

	작업의 종류 (실시하는 시설의 수)	작업 내용
자주(自主) 생산	농업, 원예(8)	야채(감자, 옥수수, 고구마 등), 꽃, 퇴비 만들기, 버섯 재배, 원예용 화산재 흙(선별·포장)
	종이 만들기(7)	엽서, 색지, 코스터, 책갈피, 달력(우유팩 재활용), 에코 크래프트 제작
	수예, 편물(7)	아크릴 수세미·머플러, 비즈 스트랩, 목길이, 비즈 팔찌, 펜던트, 가죽 키홀더, 쿠션, 베개, 주머니, 머리 끈, 천 짚신, 향 주머니, 마스코트 인형, 냄비받침
	목공(6)	냄비받침, 가든 플레이트, 열쇠걸이 리스, 재봉천 고정대, 발판, 마그넷 조형 작품, 화분받침, 목공품의 연마
	도예(6)	접시, 다기, 커피잔, 찻잔, 맥주잔, 젓가락 받침, 꽃병, 우산꽂이, 간지(干支), 장식물(인형, 동물 등), 항아리단지, 화분, 수반, 조형작품

(계속)

작업의 종류 (실시하는 시설의 수)		작업 내용
자주(自主) 생산	직물(4)	(천조각이나 털실 등으로)매듭 짜기, 찢어진 천 자투리나 실매듭으로 숄, 머플러, 현관 매트, 런치매트, 테이블센터, 쿠션, 가방 만들기
	등나무 · 죽세공(3)	바구니, 냄비받침, 지등, 잡동사니 담는 함
	타일 공예(1)	화분 · 코스터(받침접시) 표면에 타일 붙이기
	점자 출판(1)	연간 한두 권의 점자책 출판
	문구류 제작(1)	고급표지노트, 스프링 공책, 각종 사이즈의 메모, 편지지 세트, 단어카드, 파일 등의 제작
	식품(1)	빵 · 쿠키 만들기
위탁 생산	봉지 포장, 상자 포장(8)	나무젓가락, 홍차 포장, 봉투, 목장갑, 다이렉트 메일, 도자기 제품, 안경 제품, 에코 상품, 금속 제품
	지기(紙器) 가공(7)	안경, 명함, 과자, 정밀기기 포장재, 스포츠웨어, 종이박스, 완충재 등 지기의 조립
	부품 조립(5)	아코디언 커튼의 부품, 볼펜, ABS수지(樹脂) 옷걸이, 먼지떨이, 원예용품, 스틱풀, 100엔샵 제품
	접는 작업(5)	종이냅킨, 문서용지, 에이프런, 쇼핑백, 이용자의 세탁물, 베개 커버, 호텔의 타월 접기, 타월을 물수건 모양으로 말기
	분별 작업(3)	리모컨 등의 해체와 분별, 포장 뜯은 이쑤시개와 나무젓가락을 구별, 교과서의 재활용(사용이 다 끝난 교과서를 가연, 불연으로 나눈다.), 포장재 정리
	붙이는 작업(2)	종이박스에 양면테이프로 스티로폼 붙이기, 케이스에 상품 라벨 붙이기, 방초 시트(농업용 부직포) 붙이기
	세정 작업(2)	식사용 에이프런 세정, 놀이용 공 세정
	연마 작업(2)	트레이 닦기, 간지(자주제품)에 붙이는 패 닦기
	청소(2)	시내 공원(화장실) 청소, 시설 내 쓰레기 회수

	작업의 종류 (실시하는 시설의 수)	작업 내용
위탁 생산	점자 제본, 인쇄(2)	시(市)의 홍보나 전국 점자도서관, 맹학교, 개인 등의 의뢰로 제본. 명함을 받아서 점자로 이름, 전화번호 치기
	묶기(2)	호텔의 타월, 방금 짜낸 목장갑 검품과 묶기
	도장(塗裝)(1)	시내의 소화전 도장하기
	귤 껍질 벗기기(1)	껍질을 벗기고 한 알씩 떼어내 컨테이너에 담기
	재봉(1)	재봉틀로 걸레 만들기
	문서 발송(1)	용지를 반으로 접거나 혹은 세 번 접어서 봉투에 담아 봉하고, 우표 붙여서 발송하기
	쇼핑백 제작(1)	종이 쇼핑백을 접고, 구멍을 뚫어서 끈 통과시키기
	소매점포 영업(1)	과자, 일용잡화, 사진 DPE*, 택배 등을 취급(음성 레지스터나 대문자로 표기함으로써 이용자가 운영 가능)

* DPE란 촬영한 필름의 현상 · 인화 · 확대 공정(Development, Printing, Enlargement)의 약어이다. 일본식 영어로서 영어에서는 통용되지 않는다.

표 4-4 지금까지 대처해 왔지만 적합하지 않다고 판단한 작업 내용 (2008년 설문조사에서 발췌)

적합하지 않다고 판단한 이유	작업 내용
납품기일이 너무 빨리 와서(인원 확보나 일의 양이 문제)	손수건 포장 작업, 수건 접기, 가벼운 작업
공임이 적어서(섬세한 작업에 비해서)	손수건 포장 작업
1:1이나 이에 가까운 지원자가 대응하는 세심한 지원이 필요해서	큰 타일 제작, 농작업, 이쑤시개로 만든 작은 물건, 전단지 포스팅
셀로판테이프를 일정한 길이로 잘라서 종이에 휘감는 공정이 곤란해서	비닐봉지 포장
납품하러 가는 회사가 멀어서	가벼운 작업(지원자가 적은 상황이 되었다.)

(계속)

적합하지 않다고 판단한 이유	작업 내용
작업이 항상 변화해서	가벼운 작업(기술을 습득하기까지 시간이 걸리고, 이용자가 정확하게 빨리 할 수 없었다.)
자재 양이 많고 보관 장소가 신경 쓰여서	볼의 선별 세정
단순작업이어서 좋지만, 검품이나 수정으로 지원자의 수고가 많이 가서(재료비도 비싸고 수요도 없다.)	비즈 커튼

(4) 작업지원의 유의점

작업지원을 실시하는 데 있어서 곤란한 점은 시각장애 정도보다도 오히려 지적장애 정도에 기인하는 점이 많기 때문에, 이용자의 발달 상황이나 생활 상황을 가능하면 정확하게 파악하는 것이 중요하다. 장애의 정도가 중도라서 지원이 곤란해도 개개인의 가능성을 최대한 성장시켜 작업능력과 일상생활능력이 조금이라도 향상될 수 있도록 노력한다.

① 지원의 목적을 명확하게 한다.
② 발달 및 성장에 따른 지원 내용을 선택한다.
③ 지원 단계를 세심하게 준비한다.
④ 작업과정을 개개인에게 맞춘다.
⑤ 공구나 측정도구를 고안한다.
⑥ 지원을 전개하기 쉬운 환경을 만든다.
⑦ 지원자(작업지원 종사자)를 자주 바꾸지 않는다.
⑧ 가능한 한 집단 안에서 전개한다.

위와 같은 점에 유의하여 작업지원을 진행한다.

(5) 판로

생산된 제품 판매는 중요한 과제이다. 가맹 시설에서는 다음과 같은 판로를 확립하고 있어야 한다.

① 시설 현관 앞 공간에서 판매한다.(견학자 · 방문자 · 가족에게 판매)
② 시설이나 법인 내에 부스를 마련하여 무인 판매를 한다.
③ 시설 행사나 지역 행사에서 이용자가 제작과정을 실연 판매한다.
④ 정기적인 판매모임을 갖는다.(월 1회, 연 2회)
⑤ 요일에 따라 정해진 장소(평생학습센터 등)에서의 판매모임을 주관한다.
⑥ 지역 내 복지시설이나 사회복지협회 주최로 실시하는 바자회에 참가한다.
⑦ 지역 행사에 출점한다.(작업장 축제 · 도자기 축제 · 유치원이나 대학의 바자회)
⑧ 프리마켓에 참가한다.
⑨ 기업 · 법인 · 전문점 · 자영업 상점에 납품한다.
⑩ 숙박시설의 식당에 도예품(접시 · 그릇)을 납품한다.
⑪ 문구류는 서점에 영업을 해서 납품한다.
⑫ 비영리(NPO)법인에서 판다.
⑬ 퇴비 등은 예약 판매한다.
⑭ 클럽을 만들어 연간회원에게 매월 다른 종류의 쿠키를 판매한다.
⑮ 입소문을 통해 원예점이나 산악회 모임에서 판매한다.

(6) 수익금의 사용

① 임금

수익금은 가맹 시설 중 74%의 시설에서 임금으로 지불하고 있다. 수익금을 공임으로 환원하고 있는 시설의 평균 공임(보너스가 가산되지 않은 시설도 있다.)은, 임금이 가장 높은 시설이 월평균 2만 엔과 가장 낮은 시설이 월평균 500엔으로 차이가 크며, 한 명당 평균 임금은 6,263엔이다.

② 기타

- 환원 가능한 수익이 없고 원재료 구입비용도 부족해서 시설 회계로 돌리고 있다.
- 재료비, 연료비 등으로 충당하고 있다.
- 작업 기기 구입이나 이용자 작품의 기념물 제작비용으로 충당한다.
- 원가 혹은 원가 이하 설정으로 판매하고 있기 때문에 지불하기 어렵다.
- 개인의 간식비 등으로 환원한다.
- 작업 가능 여부와 상관없이 이용자 전원이 가지게 한다.

2. 작업지원의 평가

(1) 작업지원 평가에 대하여

작업지원 진행에서 이용자 개개인의 작업능력에 대해 정확하게 평가하는 것은 의의가 있으며 중요한 것이다. 작업에 관한 과학적이고 정확한 평가는 이용자의 가능성을 이끌어내고, 새로운 작업 종목, 작업지원으로 발전해 가는 요소를 포함한다.

작업능력 평가 항목에는 ① 작업의욕, ② 이해력, ③ 안전성, ④ 집중력, ⑤ 지속력, ⑥ 협조성, ⑦ 교치성, ⑧ 응용력, ⑨ 지시에 대한 대응, ⑩ 준비와 뒷정리, ⑪ 기구 사용 방법이 있으며, 작업능력 평가의 예는 〈표 4-5〉에 나와 있다.

(2) 체크리스트

① 체크리스트의 의의

작업에는 여러 가지 공정이 있으며, 각자 능력에 적합한 일에 참가할 수 있도록 한다. 이용자는 추상적인 능력은 떨어져도 구체적인 능력은 그다지 떨어지지 않는다. 더구나 장차 자립으로 이어지는 내용이 많고, 일상적으로 반복되는 작업은 이용자의 특질에 합치되는 학습도 된다.

작업집단 중에 대인적응도를 높이거나 일하는 의욕이나 태도를 형성한다. 이용자 개인의 장애를 집단 속에서 일대일 관계로 지원하면서 해결하는 것이 개별 지원이다. 이

표 4-5 작업능력 평가의 예

평가 1	• 작업 수행이 불충분하다. • 작업이 불확실해서 확인을 필요로 한다. • 설명한 것에 대해서도 요령이 없다. • 소극적이고 의욕도 별로 없고, 지원자가 적당하다고 인정한 작업을 해내지 못한다.
평가 2	• 작업은 약간 불확실하다. • 작업은 약간 불확실해서 확인, 지시를 필요로 한다. • 행동은 대충 하고 의욕이 부족하다. • 행동은 대충 하고, 작업과는 관계없는 행동·불필요한 이야기 등 작업하는 손길이 멈추는 경우가 두드러지며 적극성이 부족하다.
평가 3	• 작업은 확실하고 성실하다. • 작업량은 별도로 하고, 자신의 속도로 거의 확실한 작업이 가능하다.
평가 4	• 작업은 확실하고 적극적이다. • 확실한 작업이 가능하고, 작업량도 평균보다 많다. • 납득이 되지 않는 것은 질문하여 확실히 작업한다. • 모르는 것은 질문해서 확실히 작업을 해낼 수 있고, 여러 가지 일도 맡길 수 있다.
평가 5	• 작업은 신속, 확실하고 매우 적극적이다. • 작업량도 많고, 어려운 작업은 분담이 가능하다. • 자발적으로 판단해서 작업할 수 있듯이 스스로 작업을 찾는다. • 창의적으로 고안하고 자발적으로 타인의 작업을 돕는다. • 적극적이고, 스스로 작업을 찾고, 타인의 작업을 자발적으로 돕는 등, 작업을 리드한다.

개별 지원을 발전시키는 것에 집단 제작의 기초가 있다.

작업지원에서의 개별화와 집단화를 목표로 하며, 효과적인 지원을 전개하기 위해서는 단위작업이나 작업 내용을 분석하지 않으면 안 된다. 그리고 어떤 장소에서 어떤 지원이 가능한가를 명확히 하고, 어떤 이용자에게도 능력과 적성에 맞는 작업장이 보장되며, 자발적인 노력이 이루어지도록 작업 분석과 전개를 생각할 필요가 있다. 그러한 방법으로서 작업 체크리스트 활용이 유용하다.

표 4-6 작업 체크리스트 · 공정표의 예

작업 종목	공정
위탁 가공품(원예용품)	① 재료 준비하기 ② 파이프덴더로 구부리기 ③ 접합부 접착제 칠하기 ④ 측정도구 사용으로 접어서 넣기 ⑤ 포장완충재 끼우기 ⑥ 헤더 장착 · 검품하기 ⑦ 임시로 묶기 ⑧ 상자에 담기 · 검품하기 ⑨ 묶기
위탁 가공품(금속부품 조립)	① 비즈 끼우기 ② 나사 부착하기 ③ 천장 테두리 넣기 ④ 보드 눌러 넣기 ⑤ 봉투에 넣기 ⑥ 스테이플러 찍기 ⑦ 계량하기 ⑧ 빈 케이스에 넣기 ⑨ 검품 · 상자에 담기 ⑩ 입하봉인 붙이기
위탁 가공품(스틱풀)	① 재료 준비하기 ② 실리콘 도포하기 ③ 조립하기 ④ 제품 나열하기 ⑤ 검품하기 ⑥ 상자 조립하기 ⑦ 수량 확인하기 ⑧ 상자에 담기
위탁 가공품(버섯 재배)	① 원목에 버섯균 심기 ② 버섯균목 침수하기 ③ 물에서 건져 올리기 ④ 이동하기

② 체크리스트 활용의 예

- 작업공정표에 따라 각 작업 종목마다 모든 공정을 일람한다.
- 작업공정 상세 체크리스트에 따라 작업지원을 전개한다.
- 작업지원 기입 용지에 앞의 체크리스트에서 이용자가 할 수 없는 공정이나 지원 내용을 자세히 기입한다.
- 체크리스트에 따라 이용자 개개인의 작업수행 능력을 파악한다.
- 다시 한 번 체크함으로써 이용자의 적성을 포함한 작업지원 방법을 찾아낼 수 있다.

3. 작업 전 지원

(1) 왜 작업 전 지원을 도입해야 하는가?

작업지원에는 반드시 이용자의 적성 문제가 관련되어 있다. 작업의 종류마다 다르지만, 일반적으로 생각할 수 있는 적성 내용은 다음 세 가지가 있다.

> 신체적 측면 ······ 체력, 근력, 감각(협응성, 순응성, 신속성 등)
>
> 지능적 측면 ······ 기억력, 주의력, 표현력
>
> 인격적 측면 ······ 성격, 대인관계

시각중복장애인은 위와 같은 적성을 모두 충족시키고 있지는 않다. 따라서 작업 전 지원을 도입하고, 작업에 대한 적성을 높이는 것이 필요하다. 그 접근방식의 한 예로서 촉각적 작업기능 훈련이 있다(작업 전 지원). 작업기능 훈련은 타동 운동, 자동 운동, 교치(정교하고 치밀한) 동작, 전신 활동의 기본 동작 기능이 중요하다.

(2) 작업 전 지원

시각중복장애인 가맹 시설에서는 다음과 같은 작업에 대한 사전 지원이 이루어지는 경우가 있다.

① 손끝, 손 기능을 높인다.

- 페그보드(peg board), 핀 세우기(대 · 중 · 소 크기의 구멍에 핀을 세운다.)
- 비즈 구슬 끼우기(보드 위 여러 개 핀에 비즈 구슬 구멍을 찾아내 집어넣는다.)
- 스파이크 핀 끼우기(보드 구멍에 스파이크 핀의 돌기 부분을 집어넣는다.)
- 주판알 끼우기(주판알 구멍에 실을 끼워서 만든다.)
- 손끝의 교치(巧緻)성을 높인다. 숫자의 개념을 향상시킨다.
- 커튼 만들기(광고지를 휘감은 것과 비즈를 번갈아 바늘로 통과시킨다.)
- 우레탄 찢기(매트리스 등의 우레탄을 능력에 따라 세 가지 공정으로 나누어 단계적으로 세분화해 간다.)

- 종이 찢기(신문지를 찢는다.)
- 끈 묶기

② 작업의 지속성을 키운다.

- 비즈 구슬, 스파이크 핀 넣기(커피 캔 등에 구멍을 뚫어 거기에 차례로 비즈 구슬을 집어넣는다.)

③ 작업태도, 이동을 키운다.

(3) 작업 전 동작성 검사의 예

이 조사는 검사자(지원자)가 피검사자(이용자)에 대해 조사 도구를 사용하여 촉각(손가락 감각)을 통해 촉공간인지 능력을 측정한다. 다음 항목에 따라 실시한다.

① 분류 조작(크기 변별)

크기 변별 능력을 알아보는 검사. 두세 종류의 동전에서 같은 것끼리 선별하는 데 걸리는 소요시간을 측정한다(5분 이내).

② 교치성(동전 끼워 넣기)

손가락의 교치성을 알아보는 검사. 크기 변별기를 사용하여 동전을 측정한 구멍에 넣기까지 걸린 시간을 측정한다.

③ 분류 조작(조합 분별)

여러 종류의 변별 능력을 알아보는 검사. 본 조사용으로 고안한 기구를 사용하여, 서너 종류의 형태 중에서 지정한 형태를 선별한다. '안이 사각인 것', '안이 둥근 것', '밖이 똑같은 것' 등 언어로 지정한 것을 가려낸다.

④ 안정도 검사(팔, 팔꿈치, 손목, 손끝)

손가락, 정신 면의 안정도를 알아보는 검사. 안정도 검사기를 사용하여 크고 작은 4개의 구멍에 금속봉을 집어넣어 25초 동안 정지한 채로 있는다.

⑤ 위치, 방향의 인지

평면상의 위치와 방향인지 능력을 알아보는 검사. 견본에 맞추어 보는 방법으로 검사하고, 소요시간을 측정한다.

견본을 제시하여 같은 위치에 나무봉을 넣는다. 견본은 30초간 제시하고 그 후, 같은 위치에 나무봉을 넣는다.

⑥ 교치성

손가락의 기민함과 양손 협응성을 알아보는 검사. 직업 적성검사기를 사용하여, 1분 동안 48개의 페그(봉)를 얼마나 반전시킬 수 있는가를 검사한다(60초간).

앞에서 말한 검사의 예는 완전하고, 무엇보다 효과적인 조사 기구라고 생각된다.

4. 작업지원의 사례

(1) 작업지원의 위치 설정

H시설(시각장애인 갱생시설)에는 140명이 넘는 이용자가 입소되어 있으며, 이 중에는 신체·지적으로 장애가 있는 시각중복장애인도 있다. 사회적·생활적 자립도가 비교적 곤란한 이용자를 위한 생활지원이 있고, 그 생활지원의 하나로서 작업지원이 있다.

작업 내용은 주로 위탁 작업으로 '발포스티로폼 붙이기', '종이박스 접기', '수납함에 라벨 붙이기', '원터치 옷걸이 조립하기', '손수건 접어서 봉지에 넣기'와 직접 만드는 제품인 '화분받침 닦기'가 있다. 위탁 작업과 직접 만드는 제품이라 하면 취로지원 시설(장애인 근로사업장, 장애인 보호작업장과 유사)과 공통된 것처럼 들리지만, 작업 단가, 난이도, 일의 양 등에서 차이가 많다. 작업 공정이 비교적 쉽기 때문에 단가도 낮아지고, 당연히 수입도 적은 것이 현실이다.

작업은 그룹 지원과 개별 지원으로 나누어 지원하고 있다. 그룹 지원 작업은 약 70명의 이용자가 지원자 3명과 매일(월~금) 오전 중 1시간(일의 양이 많고 바쁠 때는 30분

정도 연장하고 있다.)과 화요일 오후 1.5시간, 평균 주 6~7시간 정도 작업장에서 실시하고 있다. 개별 작업지원은 1시간으로, 이용자와 작업 담당 지원자가 일대일로 차분히 훈련하고 있다. 작업의 개별 지원은 4명의 지원자가 이용자 9명을 지원하고 있지만, 그 밖에도 희망하는 사람이 많이 기다리고 있는 상황이다.

작업에 개별 지원을 도입한 것은 '새롭게 늘어난 위탁 작업이 어렵기 때문에 이용자가 곧바로 할 수 없다는 점'과 '작업시간 내에는 지원자가 적고, 작업을 이용자가 준비하여 돌리는 것 때문에 바쁘다는 점에서 도저히 개별적으로는 지원을 할 수 없다'는 이유 때문이었다.

개별 지원 초기 무렵에는 작업능력이 높은 사람부터 먼저 지원을 받았다. 새로운 위탁 작업은 책임량과 납기일이 있기 때문에 빨리, 확실하게 작업을 할 수 있는 사람이 필요했기 때문이다. 개별 지원이 진행되어 가면서 상당히 많은 사람이 각각의 작업을 할 수 있게 되어서 차츰 어려웠던 위탁 작업도 문제없이 완성되어 갔다. 지금은 다른 많은 사람들에게도 가능해지기를 바라는 마음으로 지원을 하고 있다.

(2) I씨의 말을 듣고 생각한 것

개별적으로 지원하고 있는 사람 중 한 명인 I씨는 21세 남성이다. 전맹이고, 조금 수준이 낮고 미숙하며, ADL(일상생활동작) · 점자 등 입소생활은 거의 자립하고 있다. 다른 지역 맹학교 졸업 후에는 2년간의 생활훈련시설을 거쳐서, 2007년 2월에 입소해 지내 왔다.

입소 시에는 화분받침 닦기 작업을 하고 있었는데, I씨는 시설 생활에 익숙해지고 의사소통 능력과 작업 능력을 개발해서 취로지원 시설에 입소한다는 희망에 따라 빨리 작업 능력을 높여야겠다고 생각했다. 훈련을 시작하면서 '난이도가 낮은 것부터 높은 작업까지, 순서대로 지원해서 어떤 작업에도 대응할 수 있게 되는 것'을 지원 계획으로 세웠다.

처음에는 I씨와 '수납함 라벨을 접거나 올리는 작업'을 훈련했다. 라벨의 네 곳을 산 모양으로 접고, 플라스틱의 경계가 있는 케이스의 위에 끼워 올리기까지 작업에서 I씨는 어느 것도 특별히 어려워하지 않고 가르쳐 준 대로 차례로 익혀 갔다. I씨는 지원 중

자주 "긴장이 된다"고 말하며 손
에 땀을 흘렸고, "이것으로 된 건
가요?"라고 몇 번씩이나 물어보곤
했다. 라벨이 제대로 접혀 있는지,
케이스에 올려 있는지, 잘되었는
지 확인을 요구했다. "직접 확인해
보세요"라고 I씨에게 말을 하면,
만져서 확인한다. 그리고 I씨는 지

원 중에도 야구 이야기 등 자주 말을 하면서 작업하는 손길을 멈추는 경우가 있었다. 이
야기를 해서 즐기고 싶은 건지, 긴장을 풀려 하는 것인지 알 수 없지만, 집중력이 다소
부족한 면이 있다.

7월은 두 번째로 다소 어려운 작업인 '발포스티로폼 붙이기'를 훈련했다. I씨는 전부
터 친한 친구가 그 작업을 하는 것에 큰 영향을 받아서, "나도 빨리 발포스티로폼 붙이
기를 하고 싶다"는 의욕적인 말을 하고 있었다.

'발포스티로폼 붙이기'는 쿠션재를 만드는 공정의 하나인데, 넓은 종이에 붙어 있는
양면테이프의 박리지를 떼어내고 그 위에 발포스티로폼의 부품을 붙이는 작업이다. 시
각장애가 있기 때문에, 발포스티로폼을 붙이는 위치는 측정도구를 사용해서 확인한다.
훈련방법은 넓은 종이, 발포스티로폼, 완성된 제품, 측정도구 등을 일일이 순서대로 만
지면서 형태나 특징을 익히는 것부터 시작했다. I씨는 익히는 것이 매우 빠르고 손끝의
감각도 능숙했기 때문에 1시간 훈련으로 '발포스티로폼 붙이기' 작업을 익혔다.

8월은 세 번째 작업으로 '손수건 접어서 봉지에 담기'를 훈련했다. '손수건 접기'는 금
방 깔끔하게 네 번 접을 수 있게 되었지만, 작은 봉지에 손수건을 제대로 넣지 못해서 봉
지가 책상 위에 미끄러졌다. 책상에 미끄럼 방지 매트를 깔고 다시 한 번 지원하자, 작은
봉지에 넣을 수 있게 되었다.

그 후에는 I씨에게 전에 했던 '발포스티로폼 붙이기'를 복습해서 잊어버리지 않도록
했다. 그리고 9월에는 I씨의 '발포스티로폼 붙이기' 훈련 결과가 좋아서, 이제는 맡겨

도 문제없이 혼자서 할 수 있겠다고 판단했다. 개별 지원의 '발포스티로폼 붙이기' 작업에서 그룹 지원의 '발포스티로폼 붙이기'로 바꾸고, '화분받침 닦기'부터 '발포스티로폼 붙이기'를 하도록 했다. I씨에게 "오늘부터 발포스티로폼 붙이기를 해 봅시다"라고 말을 하자, "희망이 이루어졌다"며 매우 기뻐해서 지금은 "오늘은 169개 발포스티로폼 붙이기를 합니까?"라고 말하며 당당히 작업장에서 작업을 하였다. '발포스티로폼 붙이기' 작업이 가능하게 된 후로도 "이번에는 언제 작업 학습을 하나요?"라고 몇 번이나 훈련을 재촉해서, 11월은 네 번째 작업으로 '종이박스 접기'를 훈련했다.

I씨의 훈련을 통해서 각각 작업을 익힐 수 있는 것이 늘어 가며 성취감과 같은 반응을 보이자, 지원자도 매우 기분이 좋아졌다. 'I씨가 앞으로 어떤 작업을 할 수 있게 될까?'라는 생각에 몰두하는 것이 다음을 재촉하지만 즐겁게 느끼고 있다.

I씨는 젊을 때 많은 학습을 함으로써, 앞으로 가능성이 확대되어 기대할 수 있는 한 사람이라고 다시 느꼈다. I씨가 훈련 중에 "긴장된다"고 한 말을 처음에는 부정적으로 생각했지만, 다시 생각해 보면 작업에는 그런 마음가짐이 소중한 것이라고 돌이켜 생각해 보았다.

H시설의 작업장은 활기차고 작업 중에 말소리가 끊이지 않는 만큼 '이용자들에게 있어서 작업은 일상의 즐거움이며, 교류하는 장의 하나'라는 생각이 들었다. 긴장감이 별로 없는 작업장일지 모르지만, '그것이 H시설 그 자체인 만큼 괜찮다'는 생각도 든다.

그런 I씨의 '긴장된다'는 마음을 소중히 생각하면서, 목표인 취로지원 시설에 갈 수 있도록 작업지원을 하고 싶다.

(3) 작업 개척을 위한 노력

2005년에 '옷걸이 닦기', '커튼 후크 끼우기', '논둑 시트 고정봉(논물이 빠져나가지 않고 잡초가 무성하지 않도록 하는 것) 세우기'와 같은 위탁 작업이 H시설에서 차례로 없어졌다. 관계자에게 일을 의뢰도 해 보았지만, 곧바로 쉽게 일을 찾아내거나 일이 돌아올지는 알 수 없었다.

일이 많이 있으면 작업장이 활기를 띠고, 이용자의 일도 증가하여, 시간이 종료되어도 자진하여 '손수건 접어서 봉지에 담기'를 해 주는 이용자가 나올 정도로 작업장 안의 상황이 좋았다. 이용자는 물론 지원자도 '많은 이용자가 관계될 수 있는 작업을 하고 싶다'는 같은 생각이 있었다.

작업이 적으면 다른 취로지원 시설만큼 절박한 상태는 아닐지라도, H시설에서는 이용자들이 작업을 하고 싶어서 기다리고 있다는 것 때문에 바로 작업 직종을 개척하기 시작했다. 처음 작업 개척은 '매우 어렵지 않을까?'라고 생각했다. '옷걸이 닦기' 작업과 같이 장갑을 끼고 적당히 기름때를 손으로 벗겨내는 것과 같은, '작업이 간단하고 시각장애가 있어도 별로 힘들지 않고, 일의 양도 많은 작업을 곧바로 찾아낼 수 있을까?'라고 생각했기 때문이다.

우선 소개를 받거나 직접 발품을 팔면서 기업을 돌아다닌 결과, 사례에서 열거한 '발포스티로폼 붙이기' 또는 '플라스틱 성형품에 라벨 넣어 붙이기, 봉지에 담기', '손수건 등을 봉지에 담기'와 같은 작업을 찾아낼 수가 있었다. 그렇게 해서 시설 독자적인 새로운 작업에 대한 노력이 시작된 것이다.

(4) 손수 만든 측정도구에서 배운 점

처음에 작업을 개척하는 중에 '발포스티로폼 붙이기'를 소개받아 공장에 가 보니, 나뿐만이 아니라 작업 담당 지원자도 내심 찾은 안도감보다 불안한 기분이 들었다. 나는 작업 공정이 어렵고 '시각장애인 이용자의 일이라고 할 수 있을까? 무리는 아닐까? 책임량도 있다' 등과 이런저런 문제를 느꼈다.

일을 받아 오기는 했지만, 재료를 갖고 돌아오는 차 안에서 생각에 잠겼다. 시설에 가지고 돌아가 작업 담당 지원자로서 대화를 하면서, 선배 지원자와 측정도구에 관한 발상과 제작에 관하여 구체적인 이야기를 하였다.

곧바로 각각의 지원자가 측정도구의 아이디어를 몇 가지 제안하면서 형태를 갖추어 가자, 처음 불안했던 기분이 서서히 사라지고 '이 정도라면 잘해 나갈 수 있을 것 같다'는 생각이 들었다.

측정도구를 만들 때는 넓은 종이 위에 발포스티로폼 부품을 정확히 붙이는 위치 설정

이 필요하고 발포스티로폼이라는 부드러
운 재료를 사용해 부서지지 않도록 고안한
다는 두 가지 점에 특히 주의하면서 생각
했다. 그 결과 두 종류의 방식이 가능했다.

실제로 이용자들에게 시험해 보았더니,
생각한 만큼 효과가 없고 불량품이 나오
는 등, 측정도구의 불편한 점을 알게 되어
개선했다. 단시간에 작업 측정도구를 만들어 스스로 시험해 보거나, 이용자들에게 시험
해 보는 등, 다시 한 번 개량하는 식으로 제작한 결과, '발포스티로폼 붙이기'의 측정도
구가 가능해졌다. 작년부터 I씨의 작업훈련에 사용 중인 측정도구도 그때 지원자가 손
수 만든 측정도구 중 하나이다. 측정도구 제작을 통해서 "어떻게 하면 좋은 측정도구를
만들 수 있을까?"라고 생각하고 궁리하고 노력하면서, '이용자와 함께 학습하고 있다'
고 생각했다.

처음에는 '이용자가 측정도구를 사용하지 않아도 가능한 작업을 찾는 것이 가장 이상
적이지 않을까?'라고 생각했지만, '측정도구가 있음으로 해서 어려운 일도 할 수 있으
며, 장애 부분을 조금이라도 없앨 수 있게 된 것은 매우 좋은 일이 아닐까?'라고 다시 생
각하게 되었다. '발포스티로폼 붙이기'의 측정도구가 우연인지 아닌지는 알 수 없지만,
과제학습에서 사용하는 '널빤지 교재'와 형태·구조가 비슷하다는 점을 선배 지원자가
지적했을 때는 기쁜 마음이 들었다. '이용자는 기초학습을 할 수 있기 때문에, 그리고 지
금까지 해 왔으므로, 측정도구를 사용한 작업이 가능하다. 측정도구 그 자체만으로도
학습이 가능할지도, 갖고 있는 소질인지도 모른다'는 이런저런 배경이 보였기 때문이
다. '작업이 학습의 하나가 되고 있다. 측정도구가 교재의 하나가 되고 있다. 기초학습에
작업이 연결되어 있다.' 그렇게 생각하면 우리가 노력해 온 것이 잘못되지 않았다는, 그
런 자신감을 느낄 수 있었다.

예전에 취로지원 시설 연수에서 어느 시설 직원에게 "당신은 지금까지 몇 개의 측정도
구를 만들었습니까?"라는 질문을 받은 일이 있었다. 나는 당시 그 질문에 대답하지 못하

고, 그 질문을 한 지원자의 생각을 제대로 이해하지 못하고 듣기만 하고 끝났었다.

그 후로 십수 년이 지나 이 측정도구를 만들기까지, 계속 머리 어딘가에 걸려 있던 질문에 '그렇구나, 이런 것을 얘기하고 싶었던 것인가? 아니면 더 깊은 것이 있었는지도 몰라.'라고 마음속에서 답을 찾아낸 기분이 들었다.

이것을 지금에서야 알게 된 것은 정말로 부끄러운 이야기이며, 내 경험과 공부 부족 때문이라고 생각한다. 그러나 앞으로 노력해서 좀 더 깨닫거나 생각할 수 있게 될 것이라고 긍정적으로 생각하고 싶다. H시설에서 이용자들과 관계를 맺어 가는 중에 찾아내고 싶다고 다시 생각했다. 2년간 '발포스티로폼 붙이기' 작업은 여섯 종류로 늘어나, 측정도구도 합계 24대가 제작될 수 있었다.

그 성과도 있고, 금년 1월에는 신형 발포스티로폼 붙이기가 들어왔으나 곧 측정도구를 만들어 작업훈련을 통해서 두 명이 할 수 있게 되었다. 발포스티로폼 붙이기 외에도 몇 가지 측정도구를 이용하고 있다. 이용자가 넓은 종이에 양면테이프를 붙이기 위해 '자동 테이프 커터'라는 기계를 도입했다. 손으로는 양면테이프를 일정한 길이로 자르는 것이 어렵기 때문에 기계에서 그 부분을 도움 받는 것에서 다음의 테이프 붙이는 공정으로 이어진다.

또 양면테이프를 넓은 종이에 붙이는 위치를 결정하는 측정도구도 제작하고 있다. 하나의 작업 공정에서 기계와 측정도구를 공용하면, '이용자의 작업에 대한 장애가 경감되고, 빨리 할 수 있어서 효율성이 좋아진다'는 것을 알게 되었다.

매일 작업장 책상 위에는 측정도구가 여러 개 나열되어 있어서 이용자와 작업을 하고 있다. 때때로 H시설에 견학 오는 사람이 작업장에서 측정도구에 대한 설명을 진지하게 듣고 관심을 갖는 모습을 볼 수 있다. '어떻게 생각하고 있을까? 좀 더 예쁘게 만들었으면 좋았을 텐데……' 하는 걱정스러운 마음도 있지만, 순수하게 '자랑'하는 듯한 기쁨도 느낀다.

(5) 배운 것, 그리고 향후를 대비하여

개별 작업훈련을 해 온 것으로부터 새로운 작업을 할 수 있는 이용자가 늘어나고, 가능하지 않지만 기초학습을 하면 할 수 있지 않을까 하는 '새로운 과제학습에 대한 대처 가능성' 등, 대처의 방향을 조금 알게 되었다. 작업훈련의 역할에 I씨처럼 취로지원 시설에 입소하기를 희망하고 있는 사람, 가능성이 있는 사람에 대한 대처라는 부분이 있다. 한편 최근에는 시설에 입소하기 이전에 작업소 등을 경험했던 사람이 입소하는 경우도 있다.

이번에 이용자의 관계와 작업에 대한 노력을 생각한 것은 작업 담당 지원자를 중심으로, 부서 전체 지원자와 이용자가 일치단결하며 협력해 왔기 때문에 그것이 '작업의 개척부터 측정도구 만들기, 새로운 작업지원'이라는 큰 과제를 무난하게 헤쳐 갔다고 생각한다. I씨의 "긴장된다"는 말에서는 우리 지원자들도 작업장에서 이용자 개개인에게 시선을 돌리며 지원하는 중에 잊어서는 안 되는 '긴장감'이 매우 필요하다는 점을 배웠다. 그리고 다른 사람으로부터는 지원자가 이용자와의 관계에서 깨닫는 감성이 중요하다고 배웠다. 작업지원에 힘을 써 왔지만, 작업훈련을 해서 이용자가 할 수 있던 것에서 끝나는 것이 아니라, 이용자 개개인에게 있는 관계나 특별한 지원방법이 작업지원으로 이어져 관계 설정 노력이 필요하다고 생각한다.

작업을 하는 이용자의 교류를 목적으로 하는 '와쿠와쿠 모임'에서 최근 작업에 관한 설문조사를 했다. '작업을 배우고 싶다', '작업시간을 늘리고 싶다', '작업장이 시끄럽다', '공임이 많으면 좋겠다' 등 많은 의견이 나왔다. 이러한 의견이 소중히 여겨 향후 작업에 도입하고자 한다.

제3장 자립지원

시각중복장애인 '자립'이란 무엇인가? 이 질문에 간단히 대답할 수 있는 사람은 없을 것이다. 지원자인 우리가 장애인 '자립'에 대해 제대로 파악하지 않으면 적절한 지원은 어렵다.

장애인 자립지원법에서의 자립지원 대상자는 "지역생활을 영위하는 데 있어서 신체기능, 생활능력 유지, 향상을 위해 일정한 지원이 필요한 신체장애인"이라고 되어 있다. 시각중복장애인이 지역생활을 하는 데 있어서의 지원은 큰 과제가 있다고 생각한다.

'자립'이란 "다른 지원을 받지 않고 스스로의 힘으로 살아가는 것"이라고 되어 있다. 거기에 이르기까지는 많은 과제가 있다. 물론 취로의 문제도 있고, 한 사람의 인간으로서 자신의 행동을 선택하는 '자기선택', '자기결정'을 해야 '자립'이라고 생각한다.

시각중복장애인이 '자기선택', '자기결정'을 할 수 있도록, 또 장애를 지닌 사람이 실현하고 싶고 바라는 것에 대해 스스로 주체적으로 대처할 수 있도록 지원하는 일이 자립지원을 실제로 하는 지원자에게 요구되고 있다.

1. 감각통합

시각중복장애가 있는 사람의 자립을 도모하기 위해서는 욕구를 탐색하고, 그 사람에게 가장 적합한 방법으로 지원하는 것이 중요하다. 시각중복장애인 대부분이 자신의 희망이나 미래상을 말하는 것이 곤란하다. 또 각자 가지고 있는 장애 특성에 맞는 지원방법

을 찾아낼 필요가 있다. 여기에서는 감각통합이론의 관점에서 최적의 지원방법을 찾고
자 한다.

　선천적으로 시각에 장애를 갖고 있는 시각중복장애인은, 발달과정에서 필요한 자극
을 얻는 기회를 제한받기 때문에 발달적으로 불이익을 받는 경향이 있다. 여기에서 소
개하는 감각통합이론은 이 발달과정을 이해하는 데 매우 참고가 되는 사고방식이다. 특
히 유아기 성장단계에서 획득할 필요가 있는 감각자극을 알 수 있다. 감각자극이 뇌에
전달되어 정리·통합되고, 다음에 행동으로 나타나는 과정을 감각통합이론을 이용해서
정리할 수 있다면, 우리가 지원할 때 어려움을 느끼는 손가락의 서투름이나 힘 조절의
어려움, 몸을 효율성 있게 사용하기가 어려운 원인을 추측할 수 있다.

(1) 감각

감각은 신경세포를 자극하고 활성화시켜서, 신경이 일정한 순서에 따라 신경과정을 개
시하는 에너지이다. 예를 들면 문장을 읽을 수 있는 것도 빛의 파장이 눈 속 신경세포를
자극하고, 뇌 속의 감각과정을 개시시키기 때문이다. 이 감각은 쉬지 않고 눈이나 귀, 몸
의 여러 장소에서 끊임없이 뇌로 흘러간다.

　감각에는 오감이라고 불리는 시각, 청각, 촉각, 미각, 후각부터 온각, 냉각, 통각, 진
동각, 내장각 등 그 밖에도 많은 감각이 있다. 현대의 생리학에서 감지되는 정보의 내용,
감지 장치, 전달 양식 등에서 보다 많은 종류로 분류되며, 그 분류 자체도 확정되어 있지
는 않다. 가려움을 비롯하여, 구조가 해명되지 않은 감각도 많이 남아 있다.

(2) 감각통합

감각통합이란 뇌가 유효한 신체반응이나 유효한 지각, 감정, 사고를 만들어 내듯 감각 자
극을 정리하는 것(조직화)이다. 몸 안팎에서 끊임없이 흘러 들어가는 여러 감각을 목적
에 맞게 사용하기 쉬운 형태로 처리하고 환경에 대해 적응하는, 의미 있는 반응(행동)을
일으키는 것이다. 이러한 일련의 처리과정이 감각통합이다.

　이것은 뇌가 적절한 정보처리를 할 때 적절한 감각 자극을 보내지 않으면 기능을 발

휘할 수 없기 때문이다. 적절한 자극으로 조정된다면 뇌는 활동에 적응하는 행동을 만들어 낼 수 있다.

감각통합장애 개념의 창시자인 A. Jean Ayres 박사는 감각통합을 "인간이 자신의 신체나 환경으로부터의 감각정보를 조절하는 신경학적 과정이며, 환경 속에서 자신의 신체를 유효하게 사용하는 것을 가능하게 한다"고 정의한다. 즉 뇌와 행동의 관련을 나타내는 이론이다.

(3) 감각통합이론

감각통합이론은 중추신경계의 명확한 손상이나 이상이 원인이라고 생각할 수 없는, 운동의 협조 부전이나 감각 조정의 빈약함에 따른 문제를 설명하고자 한다. Ayres 박사는 중추신경에서의 감각정보를 처리하는 문제라고 가설을 세웠다. 이 이론의 주요 초점은 어린이에게 있는데, 어렸을 때 뚜렷한 기능장애를 계속 갖고 있는 성인에게도 적용된다.

감각통합이론에서는 다양한 감각 중에서 ① 전정감각, ② 고유수용감각, ③ 촉각 세 가지에 초점을 맞춘다.

① 전정감각

전정감각은 중력과 운동에 관한 감각이다. 자신의 몸이 공간 내 어디에 있는지, 어느 쪽으로 작동하는지, 지면에 대해서 어떤 관계가 되는지를 감지하고, 다른 감각이 작용하는 기초를 만든다. 구체적으로는 머리 위치나 그 움직임을 감지하고, 그 변화에 대응할 수 있는 자동적인 몸의 움직임(균형기능)이나 눈의 움직임을 일으킨다.

또한 전정감각은 근육 긴장의 강약을 유지하거나 머리를 중력에 대해서 똑바로 유지하는 기능도 있으며, 이 전정감각은 태아기 10주 무렵부터 기능하기 시작해서, 5개월까지 잘 발달한다.

임신 중인 어머니의 신체 움직임을 통해서 태아의 전정계를 계속 자극한다. 전정감각을 자극하는 놀이도구로는 평균대나 그네, 미끄럼틀 등을 떠올릴 수 있다. 아이들에게는 좋은 반응을 이끌어 낼 수 있는 중요한 감각계의 하나이다.

② 고유수용감각

고유수용감각은 근육, 힘줄, 관절의 긴장 변화에 관계되는 감각이다. 전정감각과 밀접하게 관계되고, 수족을 움직일 때 보지 않고도 마음대로 움직일 수 있는 것은 몸의 각 부분이 어떤 위치에 있는지를 고유수용감각이 가르쳐 주기 때문이다.

그리고 전신 운동뿐만이 아니라 보이지 않는 부분의 단추 잠그기 등, 손가락 끝의 미세한 운동을 시각에 의지하지 않고 하는 때에도 손가락의 근육이나 관절에서 고유수용감각이 생기고, 보지 않고도 어떤 일이 일어나고 있는지를 알 수 있다. 그리고 이 고유수용감각은 정서의 안정과도 관계가 있다. 고유수용감각을 자극하는 움직임으로는 점프, 킥, 펀치가 있다. 또한 전신 또는 팔의 근육이나 관절에 강한 고유 자극이 발생하는 것으로 줄다리기, 걸레질 등을 들 수 있다.

③ 촉각

촉각은 최대의 감각계로 피부에 관계되는 감각이다. 피부에는 압(壓), 접촉, 온냉, 통증, 감촉 등 많은 수용기관이 있으며, 일상생활에서 중요한 역할을 함과 동시에 신체 이미지나 운동의 능숙함과도 관계가 있다. 촉각계는 자궁 내에서 발달하는 최초의 감각계로, 시각계나 청각계가 발달하기 시작할 때 이미 충분히 기능하고, 그 자극은 뇌의 모든 장소에 전해진다. 이처럼 촉각은 전체적인 신경의 조직화에 매우 중요하며, 다량의 촉각 자극이 없으면 신경계는 '불균형'하게 되는 경향이 있다. 촉각을 의식한 놀이에는 간지럼이나 볼풀, 점토 세공 등 다양한 것이 도입되고 있다.

이처럼 감각통합이론이 전정감각, 고유수용감각, 촉각 세 가지에 초점을 맞추고 있는 것은 사람이 성장하는 과정에서 세 가지 감각을 중심으로 시각, 청각을 더한 신경계의 발달이 다양한 행동을 만들어 내는 기초가 되기 때문이다.

〈그림 4-1〉은 행동의 최종산물인 학습이나 의사소통의 성립을 나타낸다. 신경계 발달은 개인차는 있어도 같은 발달과정을 거친다. 이것이 어떤 원인 때문에 방해를 받게 되어, 복잡한 학습이나 의사소통이 매우 곤란해지고 노력을 필요로 하게 된다는 것을 알 수 있다.

시각중복장애인 지원으로 감각통합을 생각할 경우, 선천적인 시각장애 때문에 시각 입력단계 및 개념 형성에서 이미 문제가 발생한 것을 충분히 고려할 필요가 있다.

특히 맹아, 약시아에게 감각통합 요법은 시각정보 부족에 의한 발달적 불이익(충분히

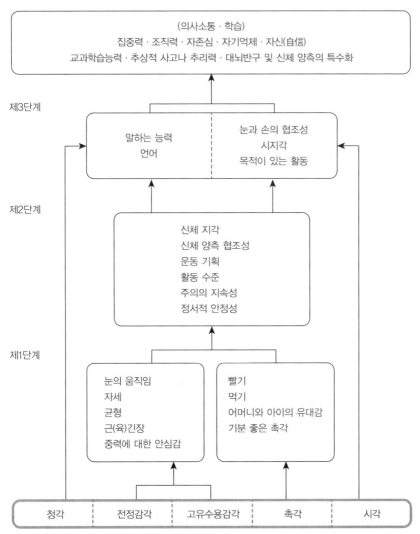

그림 4-1 **감각통합의 발달과정**

돌아다닐 수 없다. 놀 수 없다 등)을 전정감각·고유각·촉각으로써 보완한다는 의미에서 큰 의의가 있다. 더불어 합병되어 있는 다양한 뇌장애에 대한 치료적 접근의 하나로서 중요한 위치를 차지한다.

(4) 감각통합장애

감각통합장애는 입력된 감각이 뇌에서 조직화될 때 문제가 생겨 그 상황에 맞는 적응 행동을 이끌어 낼 수 없는 상태를 말한다. 그 원인을 찾아 판별하고 지원하는 것이 중요하다. 그러기 위해서는 앞에서 언급한 감각통합 발달과정을 살펴볼 필요가 있다. 감각통합이 잘 이루어지고 있을 때는 감각이 적절한 정보량으로 뇌에 전해져서 행동을 이끌어 낸다. 우리가 '즐겁다', '기분 좋다', '성취감', '쾌감'으로 지각하고 있는 상태이다. 이러한 '기쁨'은 감각통합을 나타내는, 목표달성의 표현이다.

감각통합에 문제가 있을 때는 감각정보가 한 번에 많이 들어오거나 또 부족해지기도 한다. 감각정보가 뇌에 전해져서 혼란스럽거나, 뇌에 전해지지 않은 상황이다. '재미없다', '싫다', '기분 나쁘다', '실패', '노력·근성'의 상태이다.

감각통합장애는 크게 두 가지로 분류할 수 있다. ① 감각조정의 장애와 ② 행위기능(새로운 운동을 기획하는 능력)의 장애이다. 이것은 어느 하나만이 아니라 한 사람에게 두 가지 모두 나타나는 경우도 있다.

① 감각조정장애

감각조정장애는 감각자극에 대해서 과잉반응을 보이는 감각 방어, 중력 불안, 움직임에 대한 혐오적 반응이 있다. 감각 방어란 일반적으로 무해하다고 생각되는 감각 자극에 대해서 두려움과 불안, 공격적인 반응을 과잉으로 보이는 상태이다.

중력 불안은 신체나 머리 위치의 변화, 발이 지면에서 떨어지는 것 등에 대해 과잉으로 두려움을 보인다. 움직임에 대한 혐오적 반응은 대부분의 사람이 무해하다고 간주하는 움직임에 대해서 혐오적인 반응을 보이는 것이다. 한편 감각에 대해서 부족한 반응(저반응성)을 보이는 사람도 있다. 이러한 '저반응성'은 필요로 하는 감각자극이 부족한 상태이다. 이것은 감각자극에 대해서 깨닫지 못한 것처럼 반응하는 것 또는 예상보다 훨씬 적은 반응을 보인다. 그리고 감각자극에 대해서 반응시간이 지연되는 경우도 있다.

② 행위기능 장애

행위기능의 장애란 익숙하지 않은 운동과제를 기획하는 능력이 방해를 받은 상태에서, '양측 통합과 순서 정하기의 장애'와 '체성(體性) 행위 기능장애'의 두 가지로 분류할 수 있다.

양측 통합과 순서 정하기의 장애가 있는 사람은 전정감각과 고유수용감각의 정보처리에 문제가 있다고 보이며, 신체의 양측을 협조적으로 사용하는 것 또는 운동 동작의 순서를 구성하는 것이 어렵다. 이러한 '순서 정하기'란 움직일 필요가 있을 때, 자신의 사지를 특정 장소로 가져가는 것이다. 예를 들면 공을 잡기 위해서는 공이 올 가능성이 있는 정확한 위치에 손을 내밀지 않으면 안 된다.

체성 행위 기능장애는 감각통합을 기반으로 한 행위기능장애로서는 비교적 중도(重度)의 것이다. 동그라미 안에서 점프하거나 정지된 공을 방망이로 치는 것 등의 쉬운 운동 과제(피드백에 의존한다.) 또는 그네를 탄 채 흔들거리며 던져진 공을 잡거나 움직이는 표적을 물총으로 맞추는 복잡한 운동 과제[피드포워드(feed forward, 실행 전에 결함을 예측하고 행하는 피드백 과정의 제어)에 의존한다]가 모두 곤란하다는 것이 특징이다. 따라서 다양한 수준의 대운동 전체 및 미세 운동이 곤란해진다. 이것들은 촉각의 정보처리 장애와 더불어 전정감각이나 고유수용감각에 문제가 있다고 생각된다.

이러한 감각통합(장애)은 눈에 보이는 것이 아니다. 우리는 감각에 대한 최종산물인 '행동'을 관찰하고, 환경에 대한 부적응 행동에 대해서 감각통합이 잘 이루어지지 않은 결과라고 가설을 세우고 있는 것이다.

(5) 요육(療育)활동과 일상생활

일상적으로 볼 수 있는 '행동'에서 어떤 것을 추측할 수 있는가에 대하여 아래에 열거하는 행동은 이용자와 접하는 중에 일상적으로 자주 볼 수 있다.

특정한 감촉이나 접촉을 극단적으로 싫어하거나, 반대로 좋아하기도 한다. 또는 양복을 입는 것 자체를 거부하는 촉각의 문제, 계단이나 이동을 매우 무서워하는 중력 불안(전정감각), 힘의 조정이 서툴고 난폭하며, 몸이나 손가락 끝의 사용이 불충분해서 서투른 고유수용감각 문제, 좌우의 손이나 사지를 효과적으로 사용하지 못하는 행위 기능 문제, 이러한 행동상의 장애는 입력된 감각을 조정하지 못하고, 뇌가 잘 처리하지 못하는 부적응 행동 때문에 발생하고 있는지도 모른다. 일상적으로 접하는 우리가 감각통합 이론을 알면 적응행동상의 문제, 원인을 대략적으로 알 수 있다. 그리고 행동의 이유를 신경생리학적인 관점에서 추측할 수 있게 되므로 이용자의 뇌에 부담이 없는 지원을 생각하고, 친절하게 대할 수 있게 된다.

감각통합의 사고방식을 통해서 '행동'에는 의미가 있고, 그 의미를 찾아내는 것이 지원자의 역할임을 배울 수 있다. 이용자의 다양한 문제행동 대부분이 최선의 적응행동이며 고통받고 있는 모습일지도 모른다. 또 마음이나 정서, 학습의 문제도 뇌 기능과 결부시켜 이해할 수 있다. 즐기면서 성취감이나 성공 체험을 많이 쌓는 것이 뇌를 키우고, 머지않아 독립된 성인으로서 자립을 촉진하게 된다.

다음으로 그들의 부적응 행동을 적절한 행동으로 결부시키기 위해서는 어떤 지원이 필요할까? 특별한 지원을 하는 것이 어렵더라도 일상생활 중에 필요한 요소를 찾아낼 수 있다. 우리의 일상생활은 놀이나 취미, 일, 휴식으로 이루어져 있다. 이러한 일상생활 속에 감각통합의 사고방법을 도입해 감각 자극을 풍부하게 함으로써 발달을 더욱 촉진할 수 있다. 이것을 감각식이(sensory diet)라고 한다.

'일정한 감각자극이 인간이 살아가는 데 있어서 필요한 영양소와 같은 역할을 가졌다고 보고, 대상자에게 필요한 감각입력을 일상생활 중에 포함된 다양한 활동 속에서 제공한다'는 생각이다. 고유수용감각계 놀이활동의 예로서 철봉에 매달리기, 스모, 조깅, 롤러스케이트 등을 들 수 있다. 또한 가까운 공원을 이용하는 것도 효과가 있다. 공원에 있는 세 가지 중요한 놀이기구라고 하면, 그네, 미끄럼틀, 모래밭이 있다. 그네, 미끄럼틀은 전정자극을 많이 받을 수 있는 놀이기구이고, 모래밭은 촉각 자극의 보고이다. 등산은 취미로 많은 사람에게 즐거움을 주는 활동이다.

등산은 오르락내리락하면서 강한 고유감각을 자극하는 활동이며, 동시에 균형능력을 필요로 하기 때문에 전정감각도 많이 자극된다. 이러한 활동을 대상자에게 맞추어, 가능하면 자기 선택을 자주적인 것으로 함과 동시에 연령이나 운동능력에 대해서 적절하고 안전하게 하는 것이 중요하다.

일상생활 속에서 감각통합에 초점을 맞춘 지원이나 스누젤렌(snoezelen : 심리안정감각자극) 기구를 사용하는 것은 어려울지도 모른다. 그중에서 우리가 지원하기에는 감각식이처럼 일상생활에 감각통합이론을 활용해서 스트레스의 경감이나 정서안정을 추구하고, 이용자가 처한 환경 속에서 살아가기 쉽게 하는 것이 가능할 것이다.

(6) 실천 사례

구체적인 감각통합요법을 받기 위해서는 전문기관에서 진단과 치료가 필요하지만, 시설이나 가정에서도 감각통합요법의 사고방식을 이용해서 부적응 행동을 안정적으로 이끌거나, 필요로 하는 감각자극을 계속 주는 것으로 발달을 촉진할 수 있다. 여기에서는 감각통합요법에 관한 사고를 활용한 실천 사례를 소개한다.

이곳에서의 훈련은 새로운 이용자를 대상으로 ① 환경에 익숙해지는 것(적응), ② 친구 만들기, ③ 지원방법을 찾아내는 것, 이 세 가지를 축으로 실시하고 있다. 그중에서 감각통합요법을 하나의 사고방식으로 활용하고 있다.

다음의 〈표 4-7〉은 새로운 이용자를 대상으로 1년간 훈련을 실시한 사례이다. 이것은 잠재능력과 지원방법을 초기의 평가를 통해서 찾은 사례이다.

시각중복장애인을 지원하기 위해서는 시각장애 및 기타 장애에 대한 폭넓은 지식이 필요하다. 더욱 구체적인 지원방법과 방책을 생각하는 하나의 수단으로서, 감각통합요법이나 TEACH 프로그램 등의 지식이 필요하다. 그리고 대상자에게 맞춰 여러 지원을 조합하는 것이 중요하다.

적절한 지원을 계속하면 이용자의 발달과 성장을 촉진시킬 수 있다. 그러기 위해서는 장애의 특징과 여러 가지 능력 그리고 심리의 초기 평가가 매우 중요하다.

표 4-7 훈련평가 사례

【이해 · 개념】   (문제) 없다 → ○ 때때로 있다 → ▲ 있다 → ×

항목		평가	비고
신체 개념	신체 각 부위의 위치, 명칭의 이해	▲	
	심적 회전의 이해	×	
형체 개념	형체 명칭의 이해	○	
	확대 · 축소의 이해	○	
비교의 이해	대소 · 고저 · 원근 등의 비교 개념	×	언어이해가 불충분
분류화(상징화)의 이해	언어 과제	×	〃
	촉각 과제	▲	
미각 개념	자극물과 맛의 대응	○	
	자극물과 맛의 표현의 대응	○	
	자극물과 촉각적 대응	—	
	자극물에서 연상되는 것	×	

[평가]

- 기본적인 신체 각 부위 · 기능은 이해할 수 있다.
- 기본적인 언어와 사물, 사물의 대응(일대일 대응)은 할 수 있다. 촉각적인 인지력과 지금까지의 경험을 엿볼 수 있다. 또한 계절 · 식사 · 목욕이라는 단순한 추상언어에 대해서는 구체적인 사물과의 대응을 할 수 있었다.
- 미각에 대해서는 대체로 사물과 맛의 표현은 일치하고 있다.

【기억】

항목		평가	비고
촉각 기억	기억의 양	×	
	기억의 시간	×	
	기억(명기)하는 방법	▲	자극을 바꾸면 의식에 머무른다
청각 기억	문장 기억	▲	〃
	음성 변별 기억	×	

[평가]
- 문장 이해가 어렵고 과제가 의식에 머무르지 않는 경우가 많지만, 단어 이해는 어느 정도 되기 때문에 의식시키고 싶은 단어를 강조하여 자극을 주면 과제에 대한 이해는 얻을 수 있다. 질문에 대해 이해하지 못하는 경우는 마지막 단어를 따라서 반복하는 경향이 있고, 본인의 표출언어와 의지에 차이가 있다는 것에 대한 주의가 필요하다.
- 촉각 기억에 관해서는 능동적으로 사물을 탐색한다. 동일한 자극물의 수를 세는 것은 어렵지만, 자극물을 전부 다른 것으로 하면 적절하게 수를 세어 그것을 분류할 수 있다.
- 일과를 체계적으로 기억하지 못한다. 시간·날짜의 개념이 애매하다.

【이동】

항목		평가	비고
시설 내(실제 생활권)		○	
시설 외(생활권에서의 특정 장소)		▲	불가 있음
지역의 특정 장소(편의점 등)	이동	○	
	이용	×	

[평가]
환경을 체계적으로 파악하는 일은 어렵다. 이동하는 포인트에 촉각적인 랜드마크를 만들면 시설 내의 이동(벽을 잡고 걷기)은 대체로 가능하다. 이동도 흰 지팡이로 노면의 촉각적인 차이를 주의 깊게 확인하면서 이동할 수 있다.

(계속)

【생활기능 · 기술】

항목		평가	비고
의사소통 기술(점자 외)	쓰기(점자판)	×	
	쓰기(퍼킨스 타자기)	○	
	읽기(촉독)	▲	
	컴퓨터	—	
전화의 이용	전화 이용 경험	×	
	동전 · 전화카드 투입	×	
	누르기 동작	×	
	대화(매너 포함)	×	
금전의 사용	금전 이용 경험(쇼핑 경험)	×	
	금전 변별	×	
	지갑의 사용	○	

[평가]
- 점자는 퍼킨스 타자기로 쓸 수는 있지만, 점자판은 사용하지 못한다. 촉독은 시간이 걸리지만, 기본 적인 표기는 읽을 수 있다.
- 단독으로 전화, 쇼핑한 경험은 없다.
- 식사, 세탁기 사용방법, 세제 넣는 법, 말리는 법, 옷 개는 법, 몸 씻고 옷 갈아입기, 이불 깔기, 이 닦기 등을 대체로 할 수 있다(생활리듬의 적응도 빠르다).

【행동 체크】

▶ 촉각계

항목	평가	비고
만져도 눈치채지 못하는 경우가 있다.	○	
만지는 것에 민감할 때가 있다.	×	

간지럼을 많이 탄다.	▲	
집단생활에서 곧잘 싸움을 한다.	○	
사물이나 사람을 만지고 싶어 한다.	×	
천이나 사물 중에 싫어하는 촉각이 있다.	×	
더위나 추위에 둔감하다.	○	
음식 중에 퍼석하고 마른 촉감의 것에 민감하다.	○	
샤워를 싫어한다.	▲	
통증에 둔감하다.	×	주사를 거부하며 운다
다쳐도 눈치채지 못한다.	▲	
입 안에 무엇이든지 집어넣는다.	○	
발가락 끝으로 자주 걷는다.	○	
양말을 바로 벗어 버린다.	○	
편식이 심하다.	○	
이발을 싫어한다.	○	
머리 감겨 주는 것을 싫어한다.	▲	
머리부터 물을 뿌리는 것을 싫어한다. 얼굴에 물이 닿는 것을 싫어한다.	×	
진흙 놀이를 못한다.	▲	

[평가]
주위의 사물에 대해서 능동적인 탐색이 많이 보인다. 또한 미끈미끈한 것이나 젖은 것에 매우 민감(신경질)한 면을 볼 수 있다. 그리고 세안, 머리 감기, 몸 씻기나 이 닦기 등, 만지는 것에 저항을 보이는 경우가 있으며, 전반적으로 촉자극의 입력과 그 처리에 차이가 보인다.

(계속)

▶ 청각, 언어계

항목	평가	비고
소리에 주의가 산만해지기 쉽다. 다른 사람은 눈치채지 못하는 소리에 민감하다.	×	
말을 걸어도 주의를 집중하지 못하고, 듣지 못한다.	×	
지시를 이해하고, 행동에 옮기는 것이 서투르다.	○	언어 이해가 불충분하기 때문
두세 종류의 지시를 동시에 내리면 이해하지 못한다.	○	〃
수다가 지나치다.	×	
말을 걸면 수다를 자극한다. 또한 그로 인해 다른 사람의 말을 듣지 못한다.	×	
특수한 소리를 매우 무서워한다.	×	
언어발달이 늦다.	○	
전화로 이야기를 전하지 못한다.	○	
반향언어가 있다.	×	

[평가]
지적장애로 인해 언어 이해가 불충분하며, 또 자발적인 언동이 없기 때문에 의사소통은 어렵지만, 특출한 청각적 과민함은 보이지 않는다.

▶ 후각 · 미각 · 배변 · 수면 패턴

항목	평가	비고
후각은 정상인가?	○	
미각은 정상인가?	○	
특수한 냄새를 싫어한다.	○	
요실금을 한다.	○	
대변 조절이 어렵다.	○	

불규칙한 수면 유형이다.	○	

[평가]
미각 · 후각 등 입력된 자극에 대해서 적절하게 사상(事象, 사실과 현상) · 사물과 통합(대응)할 수 있다.

▶ 사회성   (문제) 없다 → ○ 때때로 있다 → ▲ 있다 → ×

항목	코멘트
사람에 대한 반응	농담을 좋아해서 자주 웃는다.
집단에서의 행동 특징	사람이 많은 장소를 지날 때는 "지나갑니다"라고 말할 수 있지만, 그 외에 자발적인 언동은 볼 수 없다.
요구의 표현 · 방법	'화장실' 요구는 언어화할 수 있지만, 그 외에는 스스로 표현하지 않는다. 또한 모르는 것에 대한 질문에는 질문을 똑같이 반복해서 말할 때가 많다.
활동 중인 대인관계	
감정의 안정성	불만이나 불쾌감을 표출하지 않기 때문에 표면적으로는 평온하다.

[평가]
• 농담 등의 자극에 대한 반응이나 화장실의 의사, 이동할 때의 "지나갑니다" 이외에는 그다지 자발적인 표출 언어는 보이지 않는다.

▶ 운동(전정계 · 고유수용감각계)

항목	평가(비고)
자세	▲ 시종 팔을 움직이고 있다.
보행	○ 양손을 앞에 내밀고 걷는다(방어 반응인가).
전방 · 후방으로 양발 뛰기	▲ 문제없음
한쪽 발로 서기	× 양발 모두 한쪽 발 지지를 할 수 없다.

(계속)

항목	평가(비고)
한쪽 발로 뛰기	× 양발 모두 한쪽 발 지지를 할 수 없다.
달리기	○ 뛰다가 "멈춰" 하는 신호에 적절하게 멈출 수 있었다(지시에 대한 동작).
조용히 선 자세를 유지하기	▲ 시종 팔을 움직이고 있다.
탠덤(뒤꿈치부터 발가락 앞으로 향함) 보행	○ 균형의 문제로 인해 일어선 자세를 지지하지 못한다.
발뒤꿈치로 걷기	× 발가락 끝이 지면에 닿는다.
발가락 끝으로 걷기	○ 문제없음
전완 돌리기	○ ※ 손바닥을 아래로 해서 무릎에 놓고, 교대로 손바닥을 뒤집는다(신경계 기능 테스트). 한쪽 손·양쪽 손으로 평가한다. ⇒ 움직임이 원활하고, 양손에서도 협조성이 있다.
손가락의 대립	○ 문제없음
반듯이 누운 자세(20초)	○ 문제없음
엎드려 누운 자세(20초)	▲ 팔과 다리 각각의 움직임은 가능하지만, 양쪽의 운동은 불가
보호 신전 반사	○ 적절하게 기울인 방향에 손이 나오고 있다(방어 반응 있음).
몸 뒤집기	○ 신체 전체를 사용해서 (비틀면서) 회전할 수 있다.
청각	○ ※ 어떤 리듬을 쳐 보이면 그것을 모방한다. ⇒ 적절하게 리듬을 모방할 수 있다.

[평가]
대운동(자세, 평형, 이동 등 전체적인 몸의 움직임)의 과제로는 전체적으로 근육 긴장이 보이며, 또 균형 유지가 어렵다는 점에서 전정감각과 고유감각의 통합이 불충분하다고 생각된다.

[총평(과제)]
① 표출언어와 의지 사이에 차이가 있다.
② 자발적으로 행동을 개시하는 것이 곤란하다.
③ 시간의 개념이 없다.
• 문장기억의 평가에서 있었던 것처럼, 이해할 수 없는 표출언어로서 제시받은 마지막 단어를 따라서 반복하는 경향이 있다. 그 때문에 의지와는 반대의 표출언어가 되는 경우도 있으며, 말을 거는 방식에 주의가 필요하다.
• 촉각적 집착이 있지만 손가락 끝은 능숙하고, 단순한 언어로 지도한다면 지시에 대해서 이해하고 행동하는 것은 어느 정도 가능하다. 그러나 지시가 없으면 자발적으로 행동개시가 어렵다(프롬프트 의존 경향). 또한 시간 개념이 애매하고, 일과를 기억하지 못하기 때문에 요일과 일과가 결부되도록 일주일간의 생활리듬을 조정할 필요가 있다.

2. 감각훈련

감각훈련은 시각장애인에게 필요불가결한 훈련이다. 그러나 그 장애 시기와 발달단계에 따라 유의할 점이 있다.

시각장애인의 '감각훈련'은 단순히 촉지각이나 청지각 능력을 높이는 것뿐만 아니라 제 감각에 의해 얻게 된 감각정보에 따라 그것이 무엇이고 어떤 의미를 가진 것인지를 판단하는 것이다. 훈련의 목표는 시각장애 아동과 성인의 생활행동 범위의 확대와 풍요로운 생활로 향상시키는 것이어야 한다.

그러나 선천성 시각장애아와 중도(中途) 시각장애인 그리고 시각중복장애인은 감각훈련 내용이나 수단이 다르며, 선천성 시각장애인이나 중도 시각장애인의 감각훈련은 감각기능 향상을 도모하는 훈련으로서, 시지각 훈련, 촉지각 훈련, 청지각 훈련, 공간지각 훈련이 실시된다. 또 보조적 수단의 활용으로서 교정 안경, 약시용 렌즈, 단안경, 확대 독서기, 촉각을 활용한 점자, 시각장애인용 음성 컴퓨터, 종합적 감각행동으로서 흰 지팡이에 의한 보행훈련 등을 한다.

사고에 의해 또는 갑자기 시각을 잃은 중도 시각장애인은 급격한 생활환경의 변화로 인해 정신적으로 현저한 타격을 받는다. 그래서 자신의 장애를 수용하지 못한 채, 보유한 제 감각에 의해 주위 환경이나 다양한 정보를 처리하며 생활하게 되거나, 그 정보의 처리에 자신감을 잃어버리게 되기 때문에 자신감을 가질 수 있도록 정신적인 지원도 포함해서 기초적인 훈련이 필요하다.

시각중복장애인에 대한 감각훈련에 대해서는 명확한 정의는 없지만, 시각장애에 다른 장애를 겸한 시각중복장애인의 감각훈련을, 일상생활에서 행동능력을 높이기 위해 기본적인 언어지시를 이해하고, 시지각 · 촉지각 · 청지각 · 근운동 감각 등 제 감각에 의해서 얻을 수 있는 정보를 처리할 수 있도록 기초적인 개념 형성을 돕는 것으로 한다.

이상의 목표를 달성하는 시각중복장애인의 감각훈련을 실시하기 위해서는 우선 시각장애를 단독으로 갖고 있는 장애인의 행동 유형, 시각장애를 겸하지 않은 지적장애인의 행동 유형을 연구해서, 그 대상자의 시각, 청각, 촉각 등을 실제 생활에서 평가하고, 발달 정도에 맞는 개개인의 프로그램을 개발 · 실시해야만 한다. 또 이 프로그램은 결코 고정적인 것이 아니라 훈련 효과나 시간의 경과에 따라 적시에 검토해야 한다.

① 시각장애인의 제 공간 특징

- 시각장애인, 특히 시각중복장애인은 이동이 적기 때문에 외부세계의 자극을 수용할 수 있는 범위가 좁다.
- 촉각에 의한 정보의 수집은 시간을 필요로 하고, 그 정보의 기억, 재생이 따르지 않으면 전체와 부분, 사물과 사물 간의 관계 파악을 하는 것이 어렵다. 시각중복장애인의 경우는 특히 곤란이 따른다.
- 움직임에 변화가 있는 상태를 연속적으로 촉각을 통해 관찰하는 것이 매우 곤란하다.
- 손가락으로 구분할 수 있는 크기 이하의 사물을 촉각으로 판단하는 것이 곤란하다.

② 기본 지도방침

시각중복장애인 지도의 기본 방침으로서, '반복훈련', '임기응변 대응', '개인차에 대한 대응', '사회성 육성', '원활한 생활의 흐름 제공', '실생활 맞춤 지원', '생활이나 행사와 관련된 지원'이 필요하다. 이것은 감각훈련 중에서 가장 중요한 사고방식이다.

기본적인 언어 지시를 할 때도 훈련의 '시작'과 '끝'을 대상자가 확실하게 이해할 수 있도록 지원자의 태도를 명확하게 하면서 실시하는 것이 중요하다.

③ 기본적 프로그램

기본적인 프로그램은 대상자 개개인에 따라 다르지만, 그중에 언어 지시와 개념 형성에
대해서 생각해 본다.

a. 기본적인 언어 지시의 이해를 깊게 하는 프로그램

'일어선다', '앉는다', '걷는다' 등의 기본적인 동작 지지(支持)를 이해시키는 프로그램이
다. 이것을 실시하려면 우선 대상자와의 의사소통이 확립되어 있어야만 한다. 또한 대
상자가 성인이기 때문에 아무래도 초기 단계에서보다 고도의 지시나 그에 대한 결과를
기대하기 쉽고, '칭찬하기'(보상)보다도 잘못을 부정(벌)하기 쉽다.

더구나 시설에서는 지원자의 근무가 교대제인 것과 동시에 생활 흐름을 원활하게 하
기 위해서, 지시한 이용자의 반응을 기다릴 여유가 없고, 손을 끌면서 일으켜 세우기 쉽
다. 한 사람의 담당자로서 확립할 수 있었던 지지(支持)에 대한 이해를, 보다 많은 지원
자가 같은 방법을 시도해서 일반화해 가는 것이 필요하다.

한편 언어 지시를 확립할 수 있었던 지원자는 이용자와 둘만의 관계에 갇히기 쉬운
경향이 있기 때문에 보다 많은 지원자와 그 효과를 서로 검토하여 맞춰야만 한다.

b. 개념 형성을 위한 훈련 프로그램

'올바른 신체 이미지를 형성한다', '자기 신체를 기준으로 좌우, 상하, 전후를 손으로 조
작하여 개념화한다', '자기와 사물, 사물과 사물 간의 관계를 신체 좌표축의 연장에 위치
부여한다', '공간 안에서 점의 위치 부여를 한다', '신체 좌표축을 타인과 바꿔 놓는다'
등의 훈련을 실시한다.

이것은 우선, 자신의 신체 부위 명칭과 그 위치, 각각의 관계를 이해할 수 있도록 하
고, 다음에 자기 신체를 기준으로 좌우, 상하, 전후를 개념화하는 단계이다. 이 단계에
서는 어느 정도 맹학교 등에서 학습을 되풀이하는 경우가 많아서 지시의 순서, 내용을
관계기관에서 이어 갈 필요가 있다.

개념이 고정되어 있지 않은 시각중복장애인에게는 지지(支持)의 순서, 내용이 이전에

학습했던 방법과 달라지면 완전히 새로운 개념을 습득하는 것처럼 시간이 걸리거나 곤란함이 따르는 경우가 있다.

다음 단계로 자기와 사물 간, 사물과 사물 간의 관계에 대한 개념을 학습하는 경우, 사물에 집착하는 경향이 있는 시각중복장애인이 많고, 그 사람에게 적합한 교재를 선택하는 것이 중요한 요소가 된다.

'시각중복장애인의 감각훈련'은 아직 정리되지 못한 점이 많다. 그 이유로는 이용자의 학습에 대한 적합성과 성숙 상태의 차이, 훈련방법의 미확립, 시설에서의 지원자 수 또는 근무체제 등을 들 수 있다.

그러나 많은 시각중복장애인의 기본적인 생활행동력을 높이기 위해서 다양한 시행착오를 되풀이하지 않으면 안 된다. 자칫하면 그 속에서 그 사람의 생활 전체를 잊어버리기 쉽다. 그래서 프로그램을 전개해 갈 때 유의할 점으로 '최소한의 기본적 생활습관의 자립을 도모한다', '매일 생활을 즐겁게 한다', '건강을 증진시키고 위험 방지를 도모한다', '작업을 통해서 가능성을 개발한다' 등 지원자로서 기본적 태도가 중요하다.

3. 보행훈련

목표로 한 행동을 하기 위해서는 우선 자신이 놓여 있는 환경을 파악할 필요가 있다. 그것이 자립을 향한 첫걸음이 된다. 여기에서는 이용자가 자주적으로 행동할 수 있고, 또한 행동 범위를 넓히기 위한 이동과 보행에 관해서 기술한다.

(1) 옥내 보행

시각중복장애인의 이동 상황

이용자의 자립도를 보면, 혼자서 화장실에 갈 수 있다, 식당에 갈 수 있다, 다른 방에 자유롭게 출입할 수 있다 등 생활공간 폭의 확대를 지표로 한다. 이용자 자신이 시설 안을 자유롭게 이동할 수 있는 것은 시설 내 자립에 있어서 중요한 문제이다.

'이동'이란 '일정한 목적의식에 따라 이동한다'고 하는 것이지만, 모든 이용자가 시설

안을 자유롭게 이동할 수 있는 것은 아니다.

> - 가고 싶어도 화장실에 갈 수 없다. → 실패한다. → 주의를 받는다.
> - 지원자가 불러도 그곳에 갈 수 없다. → 주의를 받는다.

이러한 상황에 빠지지 않으려면 이용자의 생활환경을 파악하기 위한 지원이 중요하다. 우리는 이용자 상황을 잘 이해하고, 이용자 개개인에게 대처해야만 한다.

① 이동의 현상

그러면 이용자가 어떤 스타일로 시설 안을 이동하고 있는지를 생각해 보자.

a. 스스로 소리를 내면서 이동

손뼉을 치면서, 혹은 소리를 내면서 복도를 이동하는 모습을 볼 수 있다. 이러한 행동에는 반향음을 이용해서 주위 상황을 살피고, 제3자와의 충돌을 피한다는 의미가 있다.

b. 벽이나 난간을 만지면서 이동(벽 잡고 걷기)

이 이동 스타일은 시각장애인에게 가장 일반적인 방법이다. 가볍게 만져서 전해지는 벽의 굴곡이나 문 손잡이 등이 보행상의 표시·정보로서 이동을 돕는다.

c. 발을 끌면서 이동

이 이동 스타일도 시각중복장애인뿐만 아니라 시각장애인에게서 종종 볼 수 있다. 발을 끌면서 발바닥에 전해지는 복도나 계단, 바닥 등의 변화를 감지하고, 위험으로부터 몸을 보호하면서 이동하는 것이다.

② 이동을 보조하는 설비

시각중복장애인의 이동을 보조하는 설비에 대해서 생각해 보자. 보조하는 목적은 거실·화장실·식당 등의 장소를 알기 쉽게 하는 것과 복도가 끝나는 곳이나 계단·단차(인도와 차도 간 높이의 차) 등의 존재를 사전에 알리고자 하는 것에 있다.

구체적인 설비에는 다음과 같은 것이 있다.

a. 시각장애인 유도용 블록(점자 블록)

점자 블록은 크게 나누어 유도 블록과 경고 블록 두 종류가 있다. 각각의 블록 모양과 목적은 아래와 같다.

	유도 블록	경고 블록
모양	선형 돌기	점형 돌기
목적	이동방향을 인식하기 쉽게 한다.	장애물 앞에서 멈춰 설 수가 있다. 분기점을 알기 쉽게 하는 등의 주의 · 경고를 나타낸다.

또한 지면의 색과 완전히 같거나 혹은 같은 계열 색의 점자 블록이 깔려 있는 경우도 있지만, 지면과의 대비가 확실한 색깔 쪽이 저시력(low vision, 약시, 시기능이 약한 사람)에 있어서는 보기 쉽다.

b. 난간 · 미끄럼 방지

복도나 계단의 난간이나 미끄럼 방지는 지체장애인에게 유용할 뿐만 아니라 시각중복장애인에게도 매우 편리하다. 게다가 난간이나 미끄럼 방지의 색을 주위와 대비가 확실한 색으로 하면, 저시력인이 발을 헛디디는 것을 예방할 수 있다.

c. 보행상의 표시

이동을 할 수 있으면, 다음은 '목표 장소를 어떻게 인지하는가'를 생각한다. 이 경우, 목표로 한 장소가 되는 방 입구에 고유의 표시를 만들어 두면 편리하다. 예를 들면 꽃이나 숫자 · 방울 등, 손으로 만져서 그것이라고 알 수 있는 것이면 좋다. 그리고 만지는 기분, 거실에서는 그 이용자의 취향, 저시력인이 식별하기 쉬운 색 등에 대한 배려도 필요하며, 거실 · 화장실 · 식당 등 각각 고유한 냄새나 향기가 있는 장소에서는 후각을 통한 정보 자극도 크게 참고가 된다.

이동방법과 지원

시각중복장애인의 이동 상황에 대해 앞에서 설명했지만, 여기서는 실제 지원방법에 대해 살펴보겠다.

처음에 할 것은 이용자가 생활하는 거실 안의 환경 파악이다. 그리고 거실에서 화장실 · 식당 · 세면장 · 욕실 · 그 외의 구체적인 장소로의 이동에 대한 지원이 된다.

① 지원방법

a. 전맹의 경우

거실에서 화장실로의 이동을 예로, 4단계로 나누어 생각해 보자.

- 제1단계 : 자신의 거실 위치를 올바르게 인지한다. 거실과 접해 있는 두 개의 방위치를 알려 준다(알기 어려운 경우에는 거실 출입구에 다른 방과는 다른 표시를 하는 등 방법을 고안한다).
- 제2단계 : 화장실까지 가기를 한다. 벽 따라 복도를 이동하면서 어떤 것이 있는지, 손에 만져지는 것이 무엇인지 등을 설명한다. 수에 대한 개념이 있는 경우는 수를 세면서 설명도 덧붙인다(처음은 손을 거들면서 하는 지원, 다음에는 언어적 표현에 의한 지원, 마지막은 말을 걸지 않고 지켜본다).
- 제3단계 : 화장실에서 돌아오기를 한다. 제2 · 3단계는 왕복로를 병행해서 하기도 하지만, 장애의 정도가 중한 경우는 혼란을 피하기 위해서라도 별도로 지원하는 것이 바람직하다.
- 제4단계 : 목적지까지 왕복이 가능해지도록 연습 · 확인한다.

b. 저시력인의 경우

한마디로 저시력(약시)이라고 해도 보이는 방식 · 시각(시력 · 시야 등)에는 개인차가 있다. 단정해서 말할 수 없지만, 시각이 유효하다면 활용하는 것이다. 중도 시각중복장애인의 경우는, 보여도 목표 장소에 가지 못하는 경우가 많기 때문에 꾸준히 반복 지원할 필요가 있다. 또한 표지를 설정하는 경우에는 색 · 형태 등 시각적 정보도 설명해 둘 필요가 있다.

c. 청각장애의 경우

수화나 몸짓 등 어떤 형태로든 의사소통을 할 수 있는 경우는 앞에서 말한 것을 응용할 수 있지만, 의사소통을 할 수 없는 경우는 이동에 있어서 자립이 상당히 곤란하다. 그러나 개개인의 능력을 고려해서 확실히 동기부여를 하고, 꾸준히 지원하는 것이 필요하다.

d. 지체장애 등의 경우

이용자 중에는 지체장애인이나 간질 발작이 빈번히 일어나는 사람, 다동적인 사람이 있다. 이러한 이용자의 시설 내 이동에는 충분히 주의할 필요가 있다.

e. 전맹인 사람이 휠체어 사용자인 경우

특히 전맹인이 많은 시설에서는 다른 이용자와 충돌할 가능성이 있기 때문에 되도록 지원자가 보조해야 한다.

f. 지적장애가 중도·최중도인 경우

시설 내에 한해서 말하면, 자유롭게 이동할 수 있는 사람도 있기 때문에, 반복 지원한다면 이동할 수 있는 능력을 높이는 것도 가능하다.

② 유의점

지원에 있어서는 다음과 같은 점에 유의한다.

- 동기부여를 확실히 해 둘 것
- 즐겁게 의욕이 생길 수 있도록 노력할 것
- 같은 방법으로 반복해서 할 것
- 지원 계획은 이용자 개개인의 능력을 고려해서 작성할 것
- 포인트가 되는 보행상의 표지는 꼼꼼히 인지할 것

③ 안내 보행

시각장애인을 안내하는 보행에서는 시각장애인이 안내인의 팔꿈치 위 지점을 살짝 잡는 방식이 일반적이다. 좌우 어느 쪽 팔을 잡을지는 시각장애인에게 맡긴다. 그래서 안내인은 좌우 어느 쪽 팔이라도 도울 수 있게 해 둘 필요가 있다. 그 밖에 시각장애인이 안내인의 어깨에 가볍게 손을 올리고 걷는 방법이 있다.

그러나 지체장애나 간질 발작, 다동성이 있는 이용자는 이 방법으로는 안전하게 이동

할 수 없다. 기본적으로 이동할 때 신경 쓸 것은, 안전하고 안심할 수 있는 보조를 해야 하는 것으로 서로가 부담되지 않는 방법으로서, 주위에서 보아도 자연스러운 것이어야 한다. 절대로 '뒤에서 민다', '팔을 잡아끈다'와 같은 방법은 해서는 안 된다. 그리고 실제 이동을 할 때는 이용자 개개인의 상황을 보면서 가장 적합한 방법을 취할 필요가 있다.

(2) 옥외 보행

사람이 인간으로서 주체성을 갖고 보행하는 것은 일상생활을 영위하는 데 있어 중요하다. 이는 시설에서 생활하는 시각중복장애인에게도 마찬가지라고 생각해야 한다. 보행 지원에 대해서는 전맹과 약시 각각 전문적인 지원방법이 있지만, 여기서는 전맹의 흰 지팡이를 사용한 보행지원에 대해서 대략적으로 설명하고자 한다.

보행지원의 사고방식과 방법

보행지원을 생각할 경우, 최종적으로는 흰 지팡이를 사용해서 자신이 목표로 한 장소에 갈 수 있으면 좋겠지만, 시각장애인에게는 저마다 갖고 있는 운동기능, 감각기능의 수준이 있어서 갑자기 흰 지팡이를 사용하는 훈련을 할 수 있는 것은 아니다.

따라서 전 단계로서 흰 지팡이에 의한 보행의 기초가 되는 운동기능, 감각기능의 체크, 그리고 이것을 기본으로 한 훈련이 필요하다. 다음에 그 내용에 대해서 다룬다.

① 기본적인 보행운동

보행운동을 발달시키는 전제로서, 신체의 개념이나 직선·방향의 개념을 형성하고, 또 안내 보행에 의해서 보행 중 안전 확보와 환경정보 제공을 하고, 또 균형이나 자세 조정을 할 수 있도록 하는 것이 필요하다. 그리고 보행운동에 대한 제어방법을 습득시키는 지원으로 이어지도록 한다.

보행운동의 제어방법은 다음과 같다.

첫째, 신체 균형 유지나 상하·전후·좌우 방향 개념에 따른 운동 조정 능력을 습득 시킨다.

둘째, 걷기 시작 전에 목표를 정하는 것으로, 운동 방향의 확인과 안정된 자세에서 리

드미컬한 직선 보행·가이드라인(벽이나 난간 등)을 단서로 한 직선 보행, 즉 더듬으면서 걷기를 습득시키고, 직선 보행의 방향과 자세 유지를 할 수 있도록 한다.

셋째, 목표로 하는 장소에는 반드시 직선 보행만으로 갈 수 있는 것은 아니기 때문에, 가이드라인이나 음원을 단서로 방향 전환을 할 수 있도록 한다.

넷째, 출발·멈춤·가속·감속 등을 할 때 필요한 신체 반응 동작(기본 동작)과 오르막길·내리막길·단차·계단 등의 장소에 대응한 보행 속도를 조정할 수 있도록 한다.

② 환경의 인지

보행에서 안전성과 능률성을 높인 뒤에 환경을 확실히 인지하고, 그 환경에 맞게 대처하는 행동을 할 수 있어야 한다. 그래서 환경을 구성하는 요소와 환경 구조의 통합적 인지가 필요하다.

환경을 구성하는 요소의 인지란 바닥이나 지면의 특성과 그 식별을 맨발이나 신발로하는 것, 공간을 분리하는 벽 등 구조물의 특성과 기능을 촉각이나 흰 지팡이로 인지하는 것, 청각을 통해 발음체(發音體)의 식별·음원 위치를 인지하는 것, 또한 물체에 의한소리의 차단이나 반향(反響)상태에서 공간의 넓이를 인지하는 것, 냄새나 복사열에 의해사물을 인지하는 것 등을 말한다.

환경구조의 통합적 인지란 앞에서 설명했듯이 그 인지를 반복 연습하면서 건조물 등물리적 환경의 전체상이 어떻게 되어 있는지, 그리고 교통기관 등의 동적인 대상물과자신의 이동 관계가 어떻게 되어 있는가를 인지하는 것이다.

③ 지리적 공간 개념

실제 환경 속에서 목표를 향해 보행할 수 있는지 여부를 판단하는 능력은 지리적 공간 개념에 의해 형성될 수 있다. 이 개념은 목표까지 코스의 환경이나 지리가 이미지화될 수 있거나, 안전성 및 소요시간을 고려한 보행지도를 만드는 것이다. 이를 위해서는 바로 위에서 말한 바와 같은 단적인 사물의 인지를 종합적으로 할 수 있도록 해야 한다.

이제까지 말한 '보행운동', '환경의 인지', '지리적 공간 개념'에 대한 생각과 방법을 반복 연습하고, 흰 지팡이를 사용하여 보행으로 이행시킨다. 이때 여기에서 말한 것은 모두 중요한 포인트이므로, 서두르지 말고 확실히 습득할 수 있도록 배려해 준다.

④ 흰 지팡이

흰 지팡이는 안전성 확보, 정보 수집, 시각장애인의 상징이라는 세 가지 역할을 가지고 있다. 따라서 흰 지팡이는 흰색 지팡이라면 무엇이든 좋은 것이 아니라, 세 가지 역할을 만족시키는 것이어야 한다. 사용자에게 맞는 흰 지팡이(무게 · 길이 · 형상 등)를 선택할 필요가 있기 때문에 흰 지팡이의 선택 및 보행지원(실제의 지도)은 보행훈련사에게 의뢰하도록 한다.

⑤ 현장에서 혼자 걷기

흰 지팡이의 기본 조작을 습득하였다면, 실제 도로에서 안전성 및 지원을 철저하게 고려해서 일대일 체제로 흰 지팡이를 사용한 혼자 걷기 지원에 들어간다. 이때는 사고방지를 생각한 나머지 어려움에 대한 자주적 극복이라는 자각을 잃지 않도록 하는 것이 중요하다.

우선 대상자의 습득의욕 향상(목적지의 선택), 기술 향상(간단한 코스에서부터 복잡한 코스, 코스 안의 랜드마크의 양 및 종류의 풍부함)을 고려한 보행코스를 설정하고, 환경 파악[익숙화(familiarization), 이하 Fam이라 표기]을 한다. 다음 가이드라인 테크닉 및 지면의 경사 · 이동 시의 소리, 그 밖의 단서를 이용한 진행방향의 유지와 수정, 보행지도에 따라 목적지로 진행하고 있는지 소리 · 냄새 · 노면 특징 · 노상 건물과 같은 랜드마크 및 통과지점 확인에 의한 보행코스의 확인과 수정, 위험도가 높은 주행 차량을 피하는 방법 및 도로의 횡단 등, 각 항목을 정확히 습득할 수 있도록 지원한다. 그리고 목적지까지의 다양한 코스 중에서 자주적으로 선택하도록 하고, 목적지까지 보행에 의한 도달능력을 높여 갈 수 있는 지원방식으로 진행해 간다. 또한 항상 같은 환경이나 상황 속에서 보행하게 되는 것에 한정되지 않기 때문에, 인파 속이거나, 잡음이 크거나, 비가 내리고 있거나, 바람이 강한 다양한 환경 속에서의 보행도 함께 진행하는 것이 필요하다.

시각중복장애인의 보행훈련

시각중복장애인의 보행훈련은 단독 보행에 필요한 개념 형성이 불충분(경험부족을 포함)하거나 행동발달의 지체로 인해 일반적인 보행훈련의 지원 형태와는 달라진다. 일반적으로 보행훈련은 방향정위와 이동이라고 말하듯이, 이동하는 지역의 경로를 머릿속에서 이미지화한 것(심적 지도)을 형성하고, 이동에 필요한 흰 지팡이 기술을 구사하여 이동(이동의 테크닉)을 한다. 그러나 시각중복장애인은 단독 보행에 요구되는 신체의식 및 공간 개념, 환경에 대한 개념 형성이 불충분하기 때문에, 방향정위의 확립이나 심적 지도의 형성이 어렵다.

예를 들면, 어느 목적지로 가는 길의 경로에서 우측으로 돌아가는 포인트가 있는 경우, 오는 길에서는 통상 좌측으로 돌아가는 대응을 할 수 있다(심적 회전의 이해). 그러나 그러한 개념의 이해가 불충분한 이용자는 가는 길·오는 길 모두 같은 포인트로 돌아가 버리는 경향이 있다. 또한 횡단보도 자체의 환경에 대한 이해 및 그 규칙성을 이해하는 것이 매우 곤란하다.

따라서 반복연습을 하여 Fam을 실시할 필요가 있다. 환경파악을 할 때 대략적인 정보를 제공해서, 조금씩 수반된 세세한 정보를 제공해 간다. 이동에 있어서는 필요한 기본 기술은 같지만, 말과 동작 대응이 정확하지 않은 상황이 많고, 복잡한 기술의 체득이나 이해가 매우 어렵기 때문에 단순하면서 필요한 최소한의 기술로 지원을 하는 것이 중요하다. 또한 그 밖의 특징으로 목적지가 상점인 경우, 통상 상점 안의 Fam을 실시하여 도움의뢰 방법 등을 지원하지만, 시각중복장애인의 경우는 도움을 의뢰할 때의 매너 면(언어 사용·예의·다른 사람에 대한 의식 등)의 지원, 자신이 원하는 것을 언어화하는 지원, 쇼핑할 때의 금전 수수나 외출 시의 몸가짐에 대한 지원 등, 각각 구체적인 지원이 필요하게 된다. 또한 그 밖에도 정신적인 면의 영향에 의해 보행 형태가 다르게 되므로, 정신적인 면의 안정을 도모하기 위한 케어도 중요한 요소가 된다. 이처럼 시각중복장애인의 보행훈련을 실시할 때는, 단지 단순한 이동수단의 지원뿐만 아니라 위와 같이 외출 시의 몸가짐이나 매너 등, 다양한 지원이 필요하게 된다. 따라서 보행훈련을 실시하기 위해서는 전 단계의 지원 및 다른 지원과의 연계가 중요하게 된다.

한편 시각중복장애인의 보행에서 그 자체의 독립된 지원체계가 있는 것은 아니다. 우리가 시각중복장애인 보행지원을 생각할 때 이용자가 갖고 있는 능력이나 욕구, 또는 사회적 경험 정도에 따라 큰 차이가 있으며, 이를 하나로 묶어서 기본에 맞추는 것은 불가능하다. 따라서 실제 지원에서는 이용자 개개인의 지적 능력, 운동능력, 욕구 파악 등, 대상자에게 맞는 지원 계획을 세워야만 한다. 시각중복장애인의 보행지원은 대략 다음과 같은 사항을 참고하여 실시한다.

① 명확한 동기부여의 정의

지원자는 대상자의 욕구를 파악하고, 그것이 보행지원의 강한 동기가 되도록 유도한다. 이 경우, 예를 들면 상점에 쇼핑하러 가고 싶다거나, 미용실에 가고 싶다는 등, 일상생활과 관련이 깊은 장소를 첫 번째 목표로 한다.

② 기본적인 보행운동의 지원

직선보행, 방향 전환, 보행속도, 보폭 등 보행에 필요한 기본 사항을 지원한다. 특히 직선보행이나 방향 전환에 관해서는 습득이 곤란하므로 시간을 두고 정성을 들여 진행할 필요가 있다.

③ 안내보행 중의 지원

지원자가 단차, 작게 패인 곳, 길모퉁이, 장애물 등, 코스의 상황을 사전에 파악해 둘 필요가 있다. 대상자가 시각중복장애인이라는 것을 항상 염두에 두고, 지원에 앞서 안전에 대한 배려를 소홀히 하지 않도록 주의한다. 특히 노상에서의 안내보행에서는 생각하지 못한 위험에 처하거나, 사고에 휘말리지 않도록 충분히 주의할 필요가 있다.

4. 운동

(1) 운동

인간은 몸을 유지하고 몸을 움직이면서 살아간다. 그러면 신체운동은 왜 필요한가? 무엇을 초래하는 것인가 하고 생각했을 때 스포츠, 댄스는 물론 일상생활에서 노동, 예술, 음악에 이르기까지 모든 상황에서 신체운동을 빠뜨려서는 안 된다.

최근 연구에서 운동은 건강을 개선시키고, 고령자나 허약한 사람들에게도 신체운동을 증가시키면 건강이 개선되고 자립성이 높아질 수 있다고 밝혀졌다. 언제가 됐든 늦지 않으며 효과가 기대된다.

- 지구력 운동(워킹, 조깅, 수영, 유산소운동) : 심장, 간, 순환기계의 기능을 개선, 동맥경화 예방과 관계된다.
- 근력 만들기 운동(머신 트레이닝, 덤벨, 스쿼트, 무산소 운동) : 앉기, 서기, 걷기 등 일상생활 동작에 필요한 근력을 기른다.
- 균형감각 운동(트램펄린, 피트니스 머신, 균형 볼, 계단 밟기 운동기구) : 미끄러져 넘어짐을 방지한다.
- 유연성 운동(스트레칭, 댄스, 요가) : 관절 가동범위를 향상시키고, 요통이나 어깨 결림 등을 예방한다.

위에서 근력 만들기 운동은 자립생활을 영위하기 위해 중요한 운동이다. 근육량을 늘리는 것으로, 기초대사량이 증가하고, 섭취한 에너지는 신체 유지에 사용되고, 살찌지 않는 몸이 된다. 또 근육량을 늘리는 일상적 활동을 하면, 뇌혈관에 충분한 산소와 혈액을 순환시켜 뇌혈관 장애나 동맥경화 예방에 작용한다.

장기적으로는 인지증(치매) 예방으로도 이어지고, 정신 건강에도 유익하다. 여성이 폐경기를 지나면서 증가하는 골다공증도 근육량을 증가시키면 뼈의 강도가 높아지고 골밀도 저하 완화와 관계된다. 이와 같이 운동은 신체나 정신에 좋은 영향을 준다.

20세기 초에 독일 생물학자인 Wilhelm Roux.는 '사용하는 근육은 비대하고 강해지며, 사용하지 않는 근육은 위축되고 약해진다'고 하는 트레이닝의 기초 원리를 발견했다.

걷기가 귀찮아지거나, 미끄러져 넘어지는 것에 대해 불안감이 있고, 무슨 일이 있어도 방에 틀어박혀 있거나, 가만히 앉은 채로 또는 누워 있는 상태가 된다. 이와 같은 악순환이 심신기능의 저하로 이어지며, 자신에게 가능한 활동은 가급적이면 평소 생활 속에서 실제로 하고 있는 활동으로 실천해서, 조금이라도 신체활동을 높임으로써 악순환에서 호순환으로 전환시켜 가는 것이 중요하다.

운동은 일상생활에 잘 도입해서 식사나 수면과 같이 아주 당연하게 하는 것이 중요하다. 예를 들어 산책이라면, 걷는 것이 정신적으로도 해방되고 신진대사도 잘되는 몸으로 치유된다. 이와 같이 적당한 운동은 심신에 치유를 가져오는 효과가 있다. 또 운동하는 데 중요한 조건의 하나는 훌륭한 시설이나 설비가 아니고, 함께 하자고 하는 혹은 권유할 수 있는 동료의 존재이다. 그것이 계속 이어지면 운동이 아주 자연스럽게 일상생활의 일부가 된다.

(2) 시각중복장애인의 운동

운동은 대운동과 미세운동으로 크게 구분할 수 있다. 어느 것이라도 차의 양쪽 바퀴와 같이 발달한다. 건강한 아동은 태어나서 목을 가누게 되고, 얼마 안 있어 몸을 뒤집게 되고, 9개월경에는 네 발로 기면서 혼자서 앉을 수 있게 되고, 1살 무렵에는 붙잡고 일어서기 시작해서 잡고 걸을 수 있게 된다. 그리고 1년 2~3개월에는 아장아장 걷는다.

이것이 대운동의 발달과정이다. 미세운동은 손가락 교치성 발달이다. 출생 직후, 쥐고 있는 상태의 손가락을 얼마 안 있어 펴서 뗄 수 있게 된다. 그다음에는 정중선을 넘어서 다른 손으로 바꿔 쥘 수 있게 되고, 또한 엄지손가락을 사용해서 집기 시작해서 엄지손가락과 집게손가락으로 집을 수 있게 된다. 어떠한 운동발달도 연속적이며, 각 운동에는 반드시 이전의 운동요소가 포함된다. 시각중복장애인의 운동을 생각할 때 중요한 것은 이러한 유아기의 발달과정에서 지연되는 것이다.

건강한 아동은 앞서 말한 운동발달을 기초로, 놀이를 통해 다양한 운동을 경험하면서 자연스럽게 평형감각·민첩성·교치성·주력 등의 기초적인 운동능력이 확립되어 간다. 유아기에 기초적인 운동능력이 확립되지 못하면 신체활동이 모두 늦어지는 결과가 된다. 즉 시각중복장애인은 운동의 발달과정에서 '실패'나 '건너뛰기'가 일어나고 있다. 성인이 되어서도 협응(協応)동작이 불충분하기 때문에 효율적으로 신체를 움직이지 못하고, 힘을 조정하는 것이 어렵고, 균형감각이 매우 나쁘고, 물건을 집는 등의 동작이 어려워서 손가락을 효율적으로 사용하지 못하는 등, 운동이라는 측면에서 주목해도 성장단계에 필요한 여러 자극을 얻지 못하는 것이 큰 문제가 되어 나타난다.

또한 개념 형성이 개개인마다 다르기 때문에 비장애인과 같이 생각될 수 없다는 것이 더욱 문제를 어렵게 하고 있다. 그래서 처음에 말한 것처럼 누구에게나 필요한 운동을 그냥 실시만 하는 것이 아니라, 성장단계에서 불이익을 받은 '실패'나 '건너뛰기'를 보완하려는 의도를 가지고 지원하는 것이 중요하다.

그러면 이용자 개개인의 '실패'나 '건너뛰기'를 어떻게 생각하면 좋을까? 이용자가 '즐겁다'고 생각할 수 있는 내용이 중요하다. 감각통합에서도 말하고 있지만, '즐겁다'고 생각하는 것은 그 운동을 통해서 적절한 감각을 얻을 수 있다고 생각하기 때문이다.

유아기부터 행동범위에 제한이 있어서, 운동 경험이 적은 시각중복장애인은 몸을 움직이는 것을 좋아하지 않는 경향이 있다. 어느 정도 필요하다고 생각되는 운동 경험이나 체력단련에 있어서도 괴롭다고 느끼는 내용에서는 의미가 없다. 이용자에게 어떤 내용의 운동이 필요한가? 그리고 그 운동을 어떤 방법으로 지원하면 '즐겁다'고 느낄 수 있을지 지원자가 생각할 필요가 있다("여가 · 레크리에이션 지원" 참조).

5. 의사소통 지원

(1) 의사소통이란?

의사소통이란 인간이 서로에게 의사 · 감정 · 사고를 전달하는 것을 말한다. 언어 · 문자, 그 밖에 시각 · 청각에 호소하는 몸짓 · 표정 · 소리 등의 수단으로 실행한다. 그것은 반드시 언어일 필요는 없으며, 제스처나 아이콘택트 무엇이든 좋다. 알기 쉽게 정보를 전달하는 첫 번째 수단이 그 사람의 의사소통 수단이 된다.

그러한 언어 · 문자, 그 외의 수단을 잘 사용할 수 없는 상태라면 의사소통을 잘할 수 없다. 즉 시각 · 청각 · 지체 · 지적 등의 장애가 있다면 의사소통에 큰 영향을 미친다. 특히 선천적으로 시각장애를 동반하는 시각중복장애인은 언어가 가진 의미를 정확하게 이해하는 정도의 경험이 부족해서, 대화가 성립된다고 하더라도 의미를 정확하게 이해하고 있다고 하지는 않는다.

시각중복장애인과 의사소통을 시도할 때, 지원자의 언어는 매우 중요하다. 자폐 성향이 있는 사람은 질문을 반복하는 경향이 있기 때문에 단어를 바꿔 가면서 질문하거나, 선택지를 사용해서 자기결정을 하도록 한 경우에도 마지막 선택지를 택하는 경향이 있어 순서를 바꿔 가면서 질문을 수정할 필요가 있다. 그 밖에도 목소리의 톤, 크기, 속도, 말하는 방식을 포함해서 모든 것을 염두에 둘 필요가 있다.

의사표현이 어려운 사람도 간단한 방법으로 질 높은 의사소통이 가능해진다.

휴대전화나 컴퓨터 등 의사소통 기기의 발달로 인해 의사소통을 시도하는 수단과 질이 크게 높아졌다는 것도 잊어서는 안 된다. 그러한 것들에 입각하여 장애 특성을 고려한 구체적인 의사소통 방법에 대해 기술해 본다.

맹농의 경우

시각과 청각장애를 둘 다 갖고 있는 상태를 '맹농'이라고 부른다.

시각장애의 경우, 청각으로 얻는 정보나 의사소통이 큰 보조로 사용된다. 그리고 청각장애의 경우 시각으로 얻는 정보나 의사소통이 큰 보조로 사용되고 있다. 시각과 청각을 동시에 활용할 수 없는, 혹은 한정되어 있는 '맹농'은 독자적인 욕구를 가진 장애인인 것이다.

전맹과 전농을 가진 경우 '맹농'이라고 생각하기 쉽지만, 실제는 더 넓은 범위의 시각과 청각장애를 둘 다 갖고 있다. 전혀 보이지 않고 전혀 들리지 않는 사람을 '전맹농'이라 하고, 전혀 보이지 않고 난청인 사람은 '맹난청'이라고 말한다.

약시라면 '약시농', 약시이면서 난청이라면 '약시난청'이라고 말한다. 그리고 중도(中途) 맹농인 중에 시각장애가 먼저 발생하고 청각장애가 나중에 발생한 사람은 '맹을 기반으로 한 맹농인', 반대의 경우를 '농을 기반으로 한 맹농인'이라고 부르면서 구별하는 경우가 있다. 그것은 대체로 '맹 기반'으로 맹학교 교육을 받은 사람은 점자가 의사소통 수단의 중심이 되고, '농 기반'으로 농학교 교육을 받은 사람은 수화가 의사소통 수단의 중심이 되기 때문이다.

농학교나 맹학교에서 교육받은 적이 없는 중도(中途) 맹농인은 손바닥에 문자를 쓰는 방법(손글씨 문자)이나 종이에 큰 글자를 써서 필담하는 등의 의사소통 수단을 사용하기도 한다. 그 외에 그 사람의 생육력(生育歷)에 따라서 의사소통 수단은 다양하다.

맹·지적장애의 경우

시각장애인은 시각정보를 얻을 수 없는 것을 지적인 힘으로 보충하고자 한다. 그러나 맹·지적장애인은 지적장애가 있기 때문에 성장에 따른 발달의 영향이 더욱 커진다.

맹·지적장애인의 발달상의 어려움에 대해서는 다음과 같은 점을 생각할 수 있다.

① 스스로 주위와 상호작용하려는 자극이나 상황이 적은 것
② 주위와의 관계성을 이해할 수 없는 것
③ 자신과 주위와의 상호작용에 의한 학습 기회가 질적·양적으로 적은 것
④ 그런 것이 경험적인 이해로 연결되지 않는 것

특히 지적장애의 정도에 비례해서 그 곤란함은 커져 간다. 장애의 중복에 의한 곤란함은 단순히 장애가 더해진 것이 아니라 그보다 더 복잡한 발달상의 곤란함이 있다는 이해가 필요하다.

(2) 의사소통 지원

의사소통 지원에 대해서는 인터넷상에서도 다양한 문헌을 찾을 수 있다. 의료 분야와 교육·복지 분야에서도 연구가 거듭되고, 최첨단 과학기술을 도입한 용구(用具)도 개발되고 있다.

예를 들면, 휴대전화로 어디서든지 부담 없이 전화를 걸 수 있다. 인터넷은 막대한 정보를 전해 준다. 음성 지원 소프트웨어를 사용하면 보이지 않는 사람도 정보를 알 수가 있다. 이메일로는 시청각장애가 있어도 여러 사람과 대화가 가능해졌다. 그러한 첨단기술도 활용하면서 각자에게 맞는 가장 좋은 방법을 도입할 필요가 있다.

맹농의 경우

맹농인은 어떻게 타인과 대화(의사소통)를 할까? 일반적으로는 ① 점자, ② 수화, ③ 음

성, ④ 손글씨 문자, ⑤ 필담, ⑥ 지문자 등을 사용해서 이들 중 한 가지 혹은 복수의 방법을 조합해서 대화를 하고 있다.

① 점자

처음에는 맹으로 점자를 읽고 쓰는 것에 익숙한 사람이, 나중에 청력이 손상되어 '맹농'이 된 경우에 많이 사용된다.

a. 블리스터(Blista Braille typewriter)

속기용 점자 타자기로, 맹농인 사이에서 널리 사용되고 있다. 키를 두드리면 바로 종이 테이프에 점자가 되어 나온다. 통역자가 키를 두드리면 거의 동시에 맹농인이 점자를 읽을 수 있어서 회의나 강연회 등의 통역에 적합하다.

b. 지점자(指点字)

점자 타자기의 키를 대신해서 통역자가 맹농인의 손가락을 직접 두드리는 방법이다. 특별한 도구는 필요 없고, 정확하고 신속하게 전달할 수 있는 방법이라는 점에서 향후 이용자가 증가해 갈 것으로 생각된다.

② 수화

처음에는 농으로서, 수화를 사용해서 의사소통을 하고 있던 사람이 나중에 시력이 약해져 맹농이 된 경우에 많이 사용된다.

a. 맹농인이 전맹(全盲)인 경우

맹농인은 통역자의 손을 만져서 표현하고 있는 수화의 형태를 손으로 읽어 낸다(촉독 수화 또는 촉수화라고도 한다). 또한 통역자가 맹농인의 손을 잡고 맹농인 자신에게 수화를 표현시키는 경우도 있다.

b. 맹농인이 약시인 경우

조금 떨어져서 수화를 읽어 낸다. 통역자는 그 맹농인이 볼 수 있는 범위 내에서 수화를 사용할 필요가 있다(접근수화 또는 약시수화라고도 한다).

③ 음성

맹농인에게 잔존 청력이 있는 경우, 맹농인이 듣기 쉽게 귓가나 보청기의 마이크(집음기) 등을 향해 말하는 방법이다. 맹농인의 들리는 상태에 따라 소리의 고저, 강약, 속도 등에 충분한 배려가 필요하다.

④ 손글씨 문자

맹농인의 손바닥에 문자를 써서 전달하는 방법으로, '손바닥 쓰기'라고도 말한다. 일반적으로는 통역자의 손가락으로 맹농인 손바닥에 글자를 쓴다. 그 밖에도 통역자가 맹농인의 손가락을 잡고, 또 한쪽의 손바닥이나 책상 등에 쓰는 방법도 있다.

⑤ 필담

맹농인에게 시력이 남아 있는 경우, 통역자가 종이 등에 써서 맹농인에게 전하는 방법이다. 그 맹농인이 보기 쉬운 크기, 굵기, 간격의 문자를 써서 전한다.

⑥ 지문자

일본식(히라가나 오십음계) 지문자와 로마자식 지문자가 있다.

a. 일본식(오십음계) 지문자

청각장애인 사이에서 일반적으로 사용되고 있는 일본어식 지문자를 맹농인에게 보이거나 만지면서 전한다. 수화 통역을 할 때 보조적으로 사용되는 경우가 많은 것 같다.

b. 로마자식 지문자

헬렌 켈러가 주로 사용했던 미국식 알파벳 지문자를 로마자 표기로 나타낸 것으로, 맹농인의 한쪽 손바닥에 만질 수 있게 전한다.

㉑ 곤니치와(안녕하세요) → K o n n i t i w a, 오하요(안녕하세요) → O h a y o o

맹 · 지적장애의 경우

맹 · 지적장애인은 장애 정도에 따라 '약시의 중(中)경도 지적장애인'이거나 '전맹의 중(重)도 지적장애인' 등 다양한 상황을 생각할 수 있는데, 일반적으로 이렇게 분류하는 방법을 말하는 문헌은 보기 어렵다.

그것은 장애의 복잡성은 있어도, 현상으로 인식해서 지적장애(혹은 시각장애) 지원 범위에서 논의되고 있기 때문인지도 모른다.

① 언어를 가진 사람의 대처

지적장애인은 성공 경험이 적기 때문에 주체적으로 활동에 대처하는 의욕이 충분히 성장해 있지 않다. 그리고 실제적인 생활 경험이 부족하기 쉽다.

의사소통 면에서도 일상 대화는 할 수 있는데 스스로 발신하지 않거나, 반대로 단어를 많이 사용해도 올바르게 사용하지 않는 등의 이유로 상호 관계가 깊어지지 않고, 사회적 관계가 만들어지지 않는 경우가 있다.

〈A시설의 시도〉

시설에서는 스스로 생각하면서, 발언하고 행동할 기회가 별로 없다. 대부분은 생각하면서 행동할 필요가 없는 것이다. 전부 계획되고 즐겁게 보내도록 고안하고 있다. 운동회, 문화제, 여행 등 참가만 하면 즐거운 하루를 보낼 수 있다.

○○에 가고 싶다고 말하면 어느새 준비가 갖추어져 있거나 한다. B군은 스스로도 계획해 보고 싶다고 생각하지만, 무엇을 하고 싶은지, 어떻게 하면 좋을지 모른다. 그래서 B군처럼 스스로 무언가 하고 싶다고 생각하는 사람을 모아서, 스스로 계획하고 정기적으로 실행하는 것이 가능하도록 지원을 시작했다.

먼저 무엇을 하고 싶은지를 들어 보았다. 대답이 좀처럼 나오지 않는다. B군이 여러 가지 생각해서 겨우 떠올린 것은 '소풍을 가고 싶다'는 것이었다. 그러자 "쇼핑하러 가고 싶다", "과자를 먹고 싶다" 등의 소리가 차례로 나왔다. 그러면 소풍 가서 무엇을 할지 들어 보면 또 침묵한다. 소풍을 간 적이 있는지 물으면 "전에 간 적이 있다"고 대답한다. 그때는 어떻게 했는지 물어보면 "(멀리) 걸어갔다", "시설에서 산책하는 것처럼…"이라고 하면 돌연 F군이 "도시락 먹었어", "응, 응. 계란말이가 있어서…"라고 단숨에 활발해진다. 흥미 있는 대상을 만나자 점점 세세한 이야기가 나온다. 말하는 것이 서투른 C군은 시종 싱글벙글하고 있었다.

(계속)

지원자의 지도가 있었지만 행선지, 준비하는 것, 도시락 내용물 등을 스스로 생각해서 결정했다. 몇 번의 대화를 하면서 할 일을 확인하고 준비를 진행해 갔다. 지원자의 관여가 필요하지만, 자신들이 주체가 되어 계획하고 실시하는 데까지 도달했다는 것은 큰 자신감이 되었다. "이번에도 스스로 도시락을 만들어서 (다른 곳에) 갈 거야", "냇가에 가고 싶어…"라고 다음 목표에 관심을 돌리고 있었다.

A시설에서는 막연히 '소풍'이라는 단어에서 연상할 수 있는 것을 차례로 구체적인 단어로 분해해서, 준비하는 체험을 통해서 다시 통합해 갔다. '소풍'이라는 관념적인 단어가 구체적인 내용을 동반한 단어가 된 것이다.

a. 자신의 체험을 기반으로 노력한 성공 체험

과거의 체험에서 얻은 단편적 발언이 요소로 집약되어 지식으로 응용되었다.

b. 발언하는 것의 중요성, 즐거움

테마를 바탕으로 관심을 공유해서 의사소통이 성립되었다. 그리고 자신의 발언이 선택 · 결정되면서 점점 정리되고, 구체적인 행동으로 연결되어 갔다.

c. 성공 체험에 따른 흥미의 확대

스스로 할 수 있다는 자신감이 새로운 흥미와 의욕을 일으켰다.

d. 준비의 중요성 · 체험의 확대

대화를 통해서 무엇을 하면 좋을지 생각할 수 있게 되었다. 그리고 준비단계에서 시행착오를 통해 다양한 체험 · 학습을 할 수 있었다.

② 언어를 갖고 있지 않은 사람의 노력

중복장애인과의 의사소통에서 중요한 것은 상대와의 신뢰관계이다. 헬렌 켈러가 설리반 여사를 한결같이 믿고 의지했던 것처럼 누구라도 좋은 것은 아니다. 중복장애인에게 안심하고 마주할 수 있는 상대란 자신을 이해하고 맡길 수 있는 사람이다. 지원자는 그러한 중복장애인의 행동이나 생각을 헤아려 이해하고, 상대방 눈높이에서 의사소통으로 연결해 가는 것이 중요하다. 언어를 갖지 않아서 대화가 성립하지 않아도 의사소통은 가능하다. 우선 함께 행동하며 체험을 공유하는 것이 의사소통의 첫걸음이라고 생각한다.

〈이용자를 어떻게 이해할 것인가?〉

예를 들면, 움직이게 해도 거의 반응이 없거나, 전혀 알 수 없어서 이해되지 않는 반응이 되돌아오는 경우, 어떻게 이해해서 지원하면 좋을까?

a. 의사소통의 규칙을 이해하지 못한다.

일상생활의 관계 형성에 문제가 있고, 관계에 대한 이해가 뒤처져 있는 경우이다. 예를 들면, 마음에 안 들면 변을 던지거나 하는 것은 대응이 서툴러서 일어난 잘못된 학습이다. 우리에게 있어서 곤란한 행동이 있으면 비위를 맞춰서 상대의 기분을 부드럽게 하려고 하는데, 상대는 생각이 통했기 때문에 그런 행동이 유효하다고 이해하고 강화시켜 간다. 상대방의 이런 발신(發信) 행동이 무효라고 이해시키기 위해서는 지금까지 대응을 개선하고, 새로운 수단에 기초한 규칙을 만들어 갈 필요가 있다.

b. 발신할 필요가 없어진다.

지원자는 이용자의 장애가 심각할 때, 이용자의 생각을 추측해서 지원해 버리는 경우가 있다. 그렇게 하면 더 이상 발신할 필요가 없어져 버린다. 알 수 없다고 정시에 배변이나 식사를 시키다 보면 그것이 유형화되어 아무것도 호소할 여지가 없어지게 된다. 이처럼 예측을 그만두고 반응을 기다리면 발신할 여지가 있게 된다.

c. 들리지 않는다.

아무리 움직이게 말을 걸어도 들리지 않는다면 의미가 없다. 들리는지 어떤지를 확인해 볼 필요가 있다.

d. 발신 수단이 없다.

발신 수단이 없으면 호소할 수가 없다. 호소하는 수단을 획득하면 호소하는 행동도 증가한다.

e. 몸짓에 의한 의사소통

예를 들면, 배뇨하고 싶을 때 쪼그려 앉는다. 젖으면 싫어서 벗어 버리는 경우도 있다. 이

(계속)

런 동작을 놓치지 말고 알기 쉬운 형태로 받아들여 공통된 신호(화장실은 하복부를 두드리고, 배고픔은 입술을 두드리는 등)를 만들어 간다.

f. 상징체계

말을 주고받는 것이 곤란해도, 알기 쉬운 그림 모양이나 상징체계로 대체하면 이해할 수 있는 경우가 있다. 처음에는 실물부터 시작해서, 점점 그림 모양이나 상징체계로 이행해 간다. 방에 돌아가고 싶을 때 자해를 했던 사람이 상징체계를 사용해서 요구를 할 수 있게 된다면 자해하는 경우도 없어지게 된다.

〈어떻게 접하면 좋을까?〉

a. 이해할 수 있는 행동을 유도한다.

언어로 지시해도 이해 못하는 사람에게는 이해할 수 있는 수준으로 말할 필요가 있다. 그렇기 때문에 내용을 알기 쉽게 전달하려는 고안이 필요한데, 다음의 두 가지 방법이 효과적이다. 첫째, 말을 걸기만이 아니라 몸을 흔들어 보거나, 냄새를 맡게 하거나, 물건을 만지게 하는 등 모든 감각으로 전한다. 둘째, 전하는 것을 분할해서 해 본다. 하나씩 단계적으로 구분함으로써 의사를 추측하는 것이 정확해지고, 반응을 보면서 적절히 조정해 갈 수 있다.

b. 발신에 대해서 적절한 피드백을 한다.

지원자는 장애가 있는 사람의 발신에 주의하고 적절한 대응을 할 필요가 있다. 아무리 발신해도 받아들이지 않는다면 포기해서 발신하는 것을 그만두거나, 반대로 감정 그대로 이기적인 행동으로 시종일관한다. 그러나 항상 그 사람을 관찰하고 있는 것은 아니다.

때로는 소리가 나오는 장치를 사용하는 것도 효과적이다. 마이크를 사용해서 소리를 크게 하는 것만으로도 주위 사람이 그 반응을 알아차리기 쉬워진다.

6. 지역과의 관계와 사회성 획득

여기에서는 지역참가를 목표로 한 다양한 방법을 구체적 사례를 통해서 생각하고자 한다.

(1) 지역과의 관계

시각중복장애인도 다양한 형태로 지역에 뿌리내린 생활이나 사회참가를 하고 있다.

자택이나 그룹홈 등 생활시설 이외에서의 생활을 거점으로 하는 경우에는, 그곳에서 생활하는 것이야말로 '지역에서 살아가는' 것이다. 그리고 일과 중의 활동장소로 작업장이나 주간보호 센터 · 시설 등을 이용하는 경우나 각종 헬퍼(helper) 등의 사회자원을 이용하고 있는 경우도 마찬가지이다.

생활시설을 거점으로 하는 경우는, 시설이 제공 · 실시하는 외출활동이나 시설이 받아들이고 있는 견학인 · 실습생 · 자원봉사자 등 시설 관계자 이외의 사람들(지역 사람들)과의 관계가 이에 해당한다.

시각중복장애인의 경우, 새로운 사람과의 만남이나 환경 변화에 민감한 사람도 많고, 그 때문에 차분함을 잃거나 과잉반응을 하는 경우도 있으므로 시설 지원자의 신속한 보조가 필요하다. 새로운 시도를 할 경우에 시설 · 지원자 측의 보조는 어렵겠지만, 외부로부터 계속 받아들이는 것은 시각중복장애인에게도 좋은 자극이 된다. 시설의 각 지원자가 보조의식을 갖게 되는 것은 물론, 시설 전체도 보조체제를 갖추고 있는 것이 바람직할 것이다.

그리고 지역 사람들도 시각중복장애인과 함께 활동하거나 같이 시간을 보내는(공유하기) 것으로 개개인의 개성이나 관계방법(대응 · 말을 거는 방법 등)을 배울 수가 있다. 그런 축적이 시각중복장애인에 대한 이해로 이어진다.

(2) 사회성 획득

사람이 사회로 나가는(지역참가) 경우 그 사회(커뮤니티) · 장면에서의 규칙을 알아 두거나 배울 필요가 있다. 그것은 시각중복장애인도 마찬가지이다. 때와 장소와 상황에 맞는 대화나 행동을 할 수 있도록 일반적인 인사(안녕하세요, 잘 먹겠습니다 등), 의뢰방법과 예의, 여러 사람 앞에서 발표할 때, 친구 간에 나누는 대화와 윗사람과의 대화의 차이 등과 같은 장면마다 구분하여 언어 사용이나 타이밍을 반복해서 학습한다.

학습방법에 대해서는 개인이 갖고 있는 원래의 성격(사교적 · 낯가림 · 활발함 · 긴장을 잘하는 등), 학습능력, 정착 · 습관화하기까지의 시간이라는 다양한 요소나 개인차를 고려할 필요가 있다. 개인별로 대응할 수 있다면 유연한 대응이 가능하겠지만, 목적별로 구분한 대소(大小)그룹 만들기, 대화하며 진행하기, 과제 제시하기와 같은 방법도 효과적이다.

가장 중요한 것은 시각중복장애인 개개인마다 마주하며, 그 사람에게 맞는 방법을 찾으면서 진행해 가는 것이다. 지원자 측의 방식도, 단독으로 시도하는 경우와 복수로 시도하는 경우가 있을 것이다. 물론 도중에 방법(방침)을 조금 혹은 크게 변경하는 것도 상관없다. 변경을 하는 경우는 이용자 및 지원자 간에서도 대화를 해서 모두가 공통된 이해를 하도록 한다.

과제는 많이 있지만, 과제 하나하나에 대처하고 또 극복하면 시각중복장애인 자신의 의식 변화나 자신감을 갖는 것으로 이어진다. 이것은 시설이 지역 사람들을 받아들이는 경우에도 마찬가지이다.

(3) 사례

목적과는 달리, 외출하는 것은 그것만으로 주위에 대한 계몽활동으로도 연결된다. 외출할 때 사전에 최소한의 준비를 하는 것은 중요하지만, 준비에 시간을 지나치게 들이면 목적을 달성할 수 없다. 그것은 좋은 지원이라고는 말하기 어려울 것이다. 실천 · 경험 속에서 배우는 것이 많다는 것도 잊지 않도록 한다.

그러면 보행(외출) 장면을 예로서 생각해 보자.

① 안내보행(안내인이 동행하는 경우)의 쇼핑

시각중복장애인 본인은 상점 안의 상황이나 분위기, 상품 설명 등을 안내인으로부터 들고 필요한 정보를 얻거나, 상점 안의 장애물이나 다른 사람과 부딪힐지도 모른다는 불안감을 줄이고 쇼핑 자체를 즐길 수 있을 것이다. 그리고 안내인과 대화하면서 '갖고 싶다'는 욕구가 생기고, 상품 선택하기, 계산을 위해 순서 기다리기, 돈 교환하기(지불하기, 잔돈 받기) 등의 경험을 늘릴 수 있다. 그리고 쇼핑의 양이 많은 경우나 고액인 경우에는 소지한 돈을 계산해 가면서 상품을 선택하는 경험이 더해질 것이다.

그리고 주위 사람은 본인과 안내인과의 쇼핑하는 모습에서 어디에 도움이 필요한지, 어느 정도 도움이 필요한지, 혹은 언어적 표현이나 대응방법 등을 구체적으로 볼 수 있다.

단 한 번 쇼핑하는 장면으로 시각중복장애인 본인의 일 또는 도움의 방법 등을 기억하기는 어렵지만, 이러한 광경을 반복해서 보면 주위에 대한 이해를 깊어지게 하는 것과 연관될 것이다.

② 단독보행(안내인이 동행하지 않는 경우)의 쇼핑

안내인이 없는 만큼 시각중복장애인 본인이 책임을 갖고 쇼핑시간을 가져야 한다. 그리고 필요에 따라 상대방(점원·주변인 등)에게 말로 능숙하게 자신의 곤란한 상황 등을 전달하거나, 의뢰(부탁)하는 기술이 필요할 것이다. 이때 ① 말 거는 방법, ② 질문하는 방법, ③ 요점 정리하는 방법, ④ 인사말, ⑤ 어투 등 대화 연습을 사전에 해 두면 좋다. 본인의 일을 잘 모르는 제3자와의 대화가 된다는 것을 생각하고, 많은 장면을 설정해서 반복 연습을 하면서 본인이 자신감을 가질 수 있도록 한다.

그리고 내부가 넓은 상점이나 백화점 등에서는 단독 이동이 어렵다고 생각되므로, 서비스 카운터나 안내소와 같이 점원이 있는 장소를 미리 기억해 두면 좋다. 얼굴을 알아두면 안내 도움도 서로 자연스럽게 된다. 이처럼 목적지·상점까지의 왕복 경로나, 필요한 상점 내 보행 연습에 대해서는 보행훈련사의 지도를 받는 것이 좋다.

③ 공공 교통기관의 이용

시각중복장애인의 단독보행과 안내보행 모두, 본인이 공공 교통기관을 이용하는 것에 익숙한 경우는 우선 본인이 지금까지 사용해 왔던 방법을 물어본다. 그것이 안전하고 또한 주위에 대한 배려도 할 수 있다면 문제없다고 생각되기 때문에 굳이 다른 방식으로 바꿀 필요는 없을 것이다. 새롭게 이용을 시작하는 경우에는 보행훈련사로부터 타고 내리는 구체적 방법에 대해서 지도받고 연습을 해 두면 좋다.

그리고 사전준비로는 전철·버스·택시 등 일련의 이용방법(흐름)을 학습해 둔다. 사전에 차표나 회수권·정기권·카드 등을 준비해서 시각중복장애인 본인도 이용할 수 있게 해 두면 직접 현금을 다루는 경우보다 불안감은 경감된다.

어느 경우도 다양한 사람이 많이 이용하는 장소·물건이라는 것은 바뀌지 않는다. 아무쪼록 매너에 유의하고, 뜻밖의 사태에도 대응할 수 있도록 본인에게 곤란할 때 대처방법을 의논해 두는 것도 물론이지만, 그뿐만이 아니라 긴급 연락처 등이 명기되어 있는 카드(신분증 등)를 휴대해 두는 것도 필요하다.

(4) 정리

이와 같은 연습을 바탕으로 실천해 본다.

연습을 거듭함으로써 성과가 오르는 사람도 있을 것이고, 반대로 연습이 잘되지 않아 실천으로 이어지기 어렵다고 생각되는 사람도 있을 것이다. 하지만 실천해 봄으로써 처음 아는 것도 있고, 실패를 반복하면서 성장·획득할 수 있는 것도 많을 것이다. 무엇보다 주위에 대한 이해를 넓히기 위해서는 시각중복장애인 본인이 시설 안에서만 지내지 말고, 지역사회로 나가는 것이 필요하다.

마지막으로 실패를 두려워하지 않고 실천·연습을 하려고 하지만, 실패 속에는 생명에 관계된 위험성이 높은 것도 포함된다. 그러므로 실천·연습단계에 따라 확인할 필요가 있다.

이때 시설 지원자와 시각중복장애인 본인과의 평소 관계가 매우 중요하다. 시설 지원자는 평소 관계 속에서 시각중복장애인의 예측되는 실패나 행동 유형 등을 억누르고, 그것이 생명의 위험에 직결되는 것은 아닌지, 연습해서 개선되는 것인지, 방식을 바꾸는 것이 어려운지와 같은 하나하나의 요점을 끊임없이 확인하면서 효과적인 연습을 하고, 사회참가로 이어질 수 있도록 한다.

1. 시각중복장애인의 취로(就勞)와 자립

오늘날 장애인 자립지원법은 장애인기본법의 기본이념에 따라 신체장애인복지법, 지적 장애인복지법, 정신보건 및 정신장애인복지에 관한 법률, 아동복지법, 그 외에 장애인 및 장애아의 복지에 관한 법률과 함께, 장애인 및 장애아가 갖고 있는 능력과 적성에 따라 자립한 일상생활 또는 사회생활을 보낼 수 있도록, 필요한 장애복지 서비스에 관련된 교부 및 기타 지원을 하며, 장애인 및 장애아의 복지증진을 도모해야 한다.

장애의 유무에 관계없이 국민이 서로 인격과 개성을 존중하며 안심하고 살아갈 수 있도록 지역사회 실현에 기여하는 것을 목적으로 한다. 장애인이 지역에서 자립해서 생활하도록 지원하는 일은 후생노동성에 있어서 매우 중요한 정책과제이며, 장애인의 지역생활을 지지하는 중요한 것 중 하나가 '취로지원'이다.

오늘날은 장애인 고용시책 및 정책 등에 의해서 중증 장애인에게도 초점을 맞추게 되었다. 장애인이 일하기 위해서는 생활리듬의 확립과 환경의 정비가 필요하며, 취로 면, 생활 면을 포함한 종합적인 지원체제가 요구되고 있다. 지금은 취로지원과 생활지원은 불가분의 관계로 인식되고 있다.

이것이 일반취로를 전제로 한 서비스이든, 일반고용이 곤란한 중한 장애를 안고 있는

장애인이 이용하는 복지적 취로(복지시설에서 지원을 받으면서 훈련을 겸해 일하는 것)
이든, 일을 하는 것은 생활리듬이 확실히 생기며, 생활리듬 자체가 사회에서 살아가는
데 필요한 사회성이라고 할 수 있지 않을까? 그리고 취로지원의 대상은 일반 기업에서
의 상용(常用)고용을 넘어 그 폭이 넓어지고 있다.

일반 기업에서의 상용고용 이외에 '취로지원'은 단시간의 고용, 집단으로서의 취로,
복지적 취로 등도 포함해서 장애인이 일할 수 있도록 다양한 움직임이 이루어지고 있
다. 여기서 취로지원을 생각할 때, 필요불가결한 생활 면의 자립, 시각중복장애인의 자
립을 지원하기 위한 필요조건으로서 자립에 대한 인식과 본인 지원의 관점에서, ① 일
상적 대응과 다양한 장면의 개별화, ② 개개인에게 맞는 적절한 의사소통 방법을 확보
하는 것, ③ 본인의 심상(心象)을 이해하려는 노력, ④ 사례 회의의 철저함과 직접 지
원 자에 대한 수퍼비전의 실시, ⑤ 발달적 과제 혹은 치료적 과제를 가진 사람에 관한
배려 등을 생각할 수 있으며, 이러한 것들을 근거로 해서 취로 이행을 생각해야 하는데,
시각중복장애인의 취로에 대해서는 복지적 취로를 포함해도 매우 적으며, 또한 연구보
고, 사례 등에도 일반고용 등에 관한 것은 없는 것이나 다름없다.

그렇지만 향후의 방향성을 보아도 복지적인 취로를 포함해서, 시각중복장애인의 취
로지원을 깊게 생각하지 않으면 안 되는 단계에 와 있다고 생각한다.

2. 취로지원과 생활지원

장애인 계획에서는 장애인 고용추진을 위해서, 의료보건 복지기관과 연계한 지원체제
의 정비나 직장환경, 생활환경의 정비를 시책 목표로 내세우고 있다. 장애인 자립지원
법에서도 취로지원과 생활지원은 본인의 자립을 위한 수레의 두 바퀴에 비유된다.

장애인 취업·생활지원센터사업(고용과 복지의 연계)에서는 취업을 희망하는 장애인
이나 재직 중인 장애인이 안고 있는 과제에 따라, 고용 및 복지관계기관과의 연계하에
취업지원 담당자와 생활지원 담당자가 협력하여 취업과 생활에 있어 일체적인 지원을
한다. 흐름은 〈그림 4-1〉과 같다.

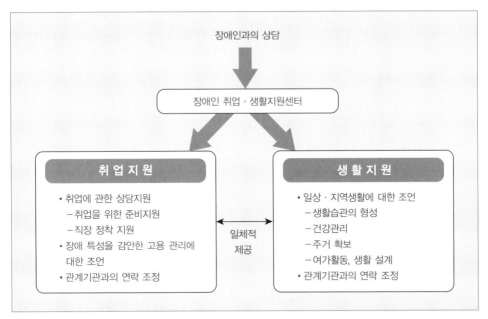

그림 4-1 **취업지원과 생활지원 과정**

이들은 고용안정센터, 지역장애인직업센터, 양호(養護)학교, 사업주, 복지시설, 복지사무소, 보건소, 의료기관 등이 연계해서 이루어지는 지원이다.

취로지원에서 관계기관과의 연계(네트워크)의 요점을 정리하면 다음과 같이 생각할 수 있다.

① 직업생활과 일상생활은 밀접불가분의 관계이며 일상생활을 안정시키는 '생활지원'은 안정적인 취업에서 중요한 역할을 한다. 직장 안팎의 문제를 포함한 종합적인 상담지원체제가 필요하다.

② '생활지원'에는 노동기관 · 시설뿐만 아니라 복지보건기관 · 시설, 양호학교 등의 교육기관, 당사자 단체, 시정촌(市町村, 시읍면에 해당함), 자원봉사자, 권리 옹호기관 등, 다양한 지원기관 등에 의한 폭넓은 지원 네트워크가 필요하다.

③ 생활의 장에서도 그룹홈(현재 신체장애인에게는 이용 불가하게 되어 있다)의 이용 등에 의해 직장과 떨어진 생활의 장을 선택할 수 있게 됨과 동시에 공공성이

높은 기관에 의한 예금관리 등을 포함한 생활 면에서의 지원이 필요하다.

④ '생활지원'이 안정된 직업생활을 유지시켜 주기 때문에 장애가 있는 종업원이 전문상담원에게 생활 상담을 받을 수 있게 하거나, 장애인의 여가활동 등에 대한 참가에 대해서 사업주 측도 일정한 배려를 하는 것이 바람직하다.

여기서도 명백하듯이, 취로지원과 생활지원의 일체적 제공에 있어서는 종합적인 상담 기능, 지역에서의 네트워크, 일체적인 지원을 제공하는 장의 확보, 여가활동을 포함한 직업생활 전반에 대한 지원의 시점 등이 중요한 요소라고 할 수 있다. 그리고 취로를 위한 다양한 지원에 따라 장애인의 지역생활의 질도 향상된다.

3. 취로지원을 위한 사회자원

여기에서는 시각중복장애에 제한하지 않고 장애인의 취로를 둘러싼 새로운 동향을 살펴보고자 한다. 중복장애를 특별한 대상으로서 한정하고 있지 않지만, 그 응용이 기대되며 활용 가능성이 있다고 생각되기 때문이다.

(1) 취로지원을 위한 메뉴

① 취직을 위한 상담

- 장애인 취업 · 생활지원센터(취로에 관한 다양한 상담지원)
- 고용안정센터(직업상담 · 직업소개)
- 상담지원 사업자(상담지원)
- 지역 장애인직업센터(직업 카운슬링, 직업 평가)

② 취직을 위한 준비, 훈련

- 지역 장애인직업센터(지역 장애인직업센터에서의 직업준비 지원)
- 장애인 고용지원센터(장애인고용지원센터에서의 직업준비 훈련)
- 취로이행지원사업자(취로이행지원사업)

- 장애인 직업능력 개발학교 등(공공직업훈련)
- 직업능력개발학교 · 위탁훈련거점학교(장애인의 유형에 맞는 다양한 위탁훈련)
- 도도부현(都道府県)(직장 적응 훈련)
- 도도부현 장애인고용 촉진협회 등(그룹 취로훈련 · 직장 실습형에 대한 조성)

③ 취직활동, 고용 전 · 정착 지원

- 고용안정센터(구직 등록, 직업소개)
- 고용안정센터(장애인시행고용 · 시험고용)
- 지역 장애인직업센터[직장 적응 지원자 · 직무 지도원(job coach) 지원사업]
- 장애인 취업 · 생활지원센터(취업 면과 생활 면의 일체적인 지원)
- 지역 장애인직업센터(정신장애인의 직장 복귀지원)

④ 이직 · 전직 시의 지원, 재도전에 대한 지원

- 고용안정센터(직업상담, 직업소개, 실업보험의 지급)
- 재취업을 목표로 할 경우, 앞에서 말한 ①, ②의 메뉴를 이용할 수 있다.
- 취로계속지원사업 고용형 사업자(취로계속지원사업 · 고용형 · A형)
- 취로계속지원 비고용형 사업자(취로계속지원사업 · 비고용형 · B형)

그 외 사업주에 대한 지원 등 장애인 고용시책은 점점 발전하는 상황이다.

> **참고** **취로이행지원사업, 취로계속지원사업, 각종 고용관계 조성금의 관계**
> 취로이행지원 · 계속지원에서는 수급 불가, 개별 판단 등의 사정이 있지만, 장애인능력
> 개발조성금 제4종(그룹 취로 훈련 도급형) 등이 있다.

이들 메뉴 중에서 현재 시각중복장애인(지적장애와의 중복)이 선택할 수 있는 메뉴로는 취로계속지원 B형 등을 생각할 수 있다. 지금도 장애인 시책, 장애인 자립지원법의 내용이 재검토되는 등 변동적인 상황이지만, 시각중복장애인에게는 취로계속지원 B형, 복지적 취로를 향한 전환에 비중이 높아질 것으로 예상된다.

(2) 취로지원의 기본 원칙

지원자가 실시하는 취로지원을 정리하면 다음과 같다.

① 직업상담

지금부터 취로를 목표로 하는 장애인 본인이나 그 가족과 취로에 관한 상담을 실시함과 동시에, 현재 일하고 있는 장애인의 경우에는 직업상, 생활상 문제에 대해서 상담한다. 상담을 근거로 개별 취로 지원 계획을 책정하는 것도 포함된다.

② 취로 준비를 위한 지원

새롭게 일하는 사람이나 이직한 사람 등에게는 기존의 작업소, 작업실 등을 이용해서 본인의 건강상태, 작업 특성이나 능력, 대인관계 역량 등을 파악(직업 평가)하는 데 노력하며, 본인 희망이나 개성에 맞는 직장 찾기의 기초자료를 얻는다. 직장 견학을 실시하며 같은 장애가 있는 사람에게서 체험담을 듣는 등의 방법도 포함된다.

③ 직장 개척

일 찾기를 주체적으로 진행하기 위해서 본인이 공공 고용안정센터의 직업상담이나 구인정보를 활용하는 데 동행해서, 구인정보지 등 일반 구인정보를 단서로, 본인이 구직활동을 하는 것을 지원한다.

④ 직장 실습의 지원

취로 기회 확대를 도모함에 있어서 중요한 직장 실습을 할 때, 통근 지원, 작업 절차 작성, 직장에서의 실무에 관한 지원 등을 통해서 본인의 작업 특성이나 능력을 평가하며, 사업주나 직장동료가 본인에 대해 이해하려는 움직임이나 시설 · 설비 · 작업 용구 개선에 관한 조언 등 직장 환경을 조정 · 개선한다.

⑤ 직장 정착 지원

직장 정착 지원은, 직장 실습을 거쳐서 취직이 결정된 시점에서 수개월 정도의 기간 동안 일련의 지원과, 이러한 지원이 역할을 다한 후 정기적인 방문 및 본인이나 가족 또는 사업주 등의 요구에 응하여 수시 방문하여 지원한다.

⑥ 이직할 때의 조정 및 이직 후의 지원

사업소의 사정이든 장애인 본인의 사정이든, 이직하는 사태가 발생했을 때는 배치 전환 이나 휴직 제도 이용의 검토 등을 포함하는 조정이 필요하다. 이직이 결정된 경우는 임 금정산이나 이직 시의 여러 절차가 적정하게 이루어지도록 지원한다. 이직 후의 지원에 는 고용보험 수급절차 등의 지원 외에도, 개개인의 상황이나 희망에 맞는 취직활동 또 는 다른 취로 기회 확보나 관계기관에 촉구하는 것 등이 있다.

> **참고** **취직 후 직장 적응에 있어서 문제점**
> - 기업 내에서의 의사소통 등 의사소통에 기인한 것
> - 본인과 기업의 중개인으로서의 지원이나 후속 조치(follow-up) 과정의 설정 부족
> - 사회 상식 및 자신의 생애에 대한 인식 부족에 기인한 것
> - 기업이 받아들이는 태세에 기인한 것

(3) 취로지원에 관한 사회자원

취로지원을 폭넓게 보면 다양한 사회자원이 존재한다.

① 고용안정센터(공공 직업안정소)

고용안정센터는 직업소개, 직업지도 등의 서비스를 제공한다. 장애인이 구직을 신청하 면 등록대장에 기재되는 제도가 있으며, 거기에는 장애 상황, 기능, 지식, 적성, 신체능 력, 희망직종이 기재되고, 등록표에 기초한 상담이나 소개가 이루어진다. 취직한 후에 도 등록표는 보존되어, 취직 후의 지도까지 일관되게 이용할 수 있다.

취직 후에는 담당지원자나 직업상담원, 수화협력원 등이 정기적으로, 또는 사업소의 요청에 의해 직장을 순회하며 조언·지도를 한다. 고용안정센터는 장애인 고용률을 달

성하지 못한 기업에게 달성지도를 하는 역할을 담당하고 있기 때문에 직장개척과의 조합이 효과적이다. 그리고 장애인 고용에 관한 조성금을 신청할 때는 공공 직업안정소장의 의견서가 요구되기 때문에 소개부터 채용 결정까지 절차에 누락이 없도록 충분히 협의할 필요가 있다.

② 장애인직업센터

일본장애인고용촉진협회가 운영하고 있으며, 장애인직업종합센터(1개소), 광역 장애인직업센터(3개소), 지역 장애인직업센터(각 도도부현, 지소를 포함해서 52개소)의 세 종류가 있다. 어느 센터에도 장애인직업 카운슬러가 배치되어 있다.

지역에서 취로지원과 관련이 깊은 지역 장애인직업센터는 ① 장애인에 대한 직업 재활 서비스, ② 사업주에 대한 장애인의 고용관리에 관한 기술적 · 전문적 지원, ③ 장애인고용지원센터에 대한 기술적 · 전문적 지원을 주 업무로 하고 있다.

직업 재활 서비스로는 직업 평가, 직업지도, 직업준비훈련, 직업영역개발 지원사업, 직업 강습, 지역고용지원 네트워크에 의한 정신장애인 직업 자립 지원사업, 직장 적응 지도, 고용에 관련된 지원제도상 지적장애인 및 중도지적장애인의 판정이 있다.

직업 준비 지원은 기본적인 노동 습관을 습득시키기 위한 훈련이다. 실제 작업장면을 재현한 센터 내에서 직업준비 커리큘럼 등을 통해서 취직을 목표로 한 지원을 실시한다.

직장 적응 지원자(직무 지도원) 지원사업은 지적장애인, 정신장애인 등의 취직이나 직장 적응을 위해서는 장애 특성을 감안한 세심한 인적 지원이 필요한 경우가 많고, 사업소 내의 지도체제만으로는 충분한 대응이나 개선이 곤란한 경우도 있으며 이러한 경우에 대응하기 위해서 3~4개월을 표준으로, 사업소에 '직장 적응 지원자(직무 지도원)'를 파견하여 직접 지원을 하는 사업이다.

③ 장애인능력개발학교

장애인직업능력개발학교는 일반 공공 직업능력개발시설에서 직업훈련을 받는 것이 곤란한 중도(重度)장애인 및 지적장애인에 대해 그 신체적 또는 정신적 사정을 배려한 직업훈련을 하는 시설이다. 국립 · 도도부현 운영이 11개교, 국립 · 일본장애인고용촉진협회 운영이 2개교, 부현(府県)의 설치·운영이 6개교이다.

이 외에도 장애인고용 납부금 제도에 기초하여 '장애인능력개발조성금'을 받아서 운영되는 민간 장애인직업능력개발시설이 18개소 있다. 고용안정센터의 수강 지시에 의해 훈련수당을 수급할 수 있다.

④ 지방자치체에 의한 취로지원 노력

국가 수준의 취로지원 외에, 지방자치체 독자적 노력이나 네트워크 형성을 볼 수 있다. 가나카와현에서는 기업 취로가 곤란한 장애인의 취로를 촉진하기 위해 직업능력에 맞는 취로의 장을 확보하고 직장에 정착하는 지원을 하고 있다.

장애인이나 관계자에 대해 상담활동, 직장 개척, 실습 및 취로지원, 그리고 사후관리를 하고 있다. 취로가 불가능한 장애인에게는 지역의 복지시설이나 작업소 등을 소개하는 것 외에 현(県) 내의 특례 자회사에 대한 지원 등이 특징이다.

> **참고** **특례 자회사 제도**
>
> 장애인고용촉진법 제44조, 제45조는 모기업이 다수의 장애인을 고용하는 목적으로 설립하고, 일정한 요건을 갖춘 계열회사에 대해 장애인 고용률을 산정하고, 모기업의 고용으로 간주하는 제도를 마련하고 있다. 이것이 특례 자회사 제도이다.

도쿄도에서는 행정구역상 구시정촌(区市町村) 장애인취로지원사업을 시행하고 있다. 사회복지법인뿐만 아니라 지역에서 장애인 취로지원에 선구적으로 노력해 온 사업단이나 소규모 작업소 등 법인격이 없는 임의단체나 지역 생활지원센터의 운영을 위탁하고 있는 단체 등에도 위탁한다.

대기업만이 아니라 지역 내의 사업소도 시야에 넣고, 직장 개척, 현실적인 직장 체험을 통한 직장 실습 지원, 그리고 취직 후에 본인이 안심하고 계속 일할 수 있도록 본인 지원을 시작으로, 사업주·직장동료나 가족 등과의 관계 조정을 담당하는, 직장 정착 지원 등이 이루어진다.

오사카부에서는 장애인고용지원 네트워크가 활동을 전개하고 있다. 경영자단체, 노동

조합, 노동, 복지관계 기관이 일체가 되어, 기업에서의 직장 실습 체험을 제공하는 장애인 인턴제나 취로지원 조언자 양성강좌, 직무지원원 회의 등 특별한 노력을 하고 있다.

그리고 시정촌(市町村) 독자적인 장애인고용(취로) 지원센터를 설치한 자치단체도 볼 수 있다. 장애인의 취로지원에 관한 사회자원은 계속적 지원, 지역에서의 지원, 새로운 지원 주체의 형성이 현저해지고 있다.

⑤ 사업주 등에 대한 지원제도

장애인을 고용하는 사업주를 지원하는 다양한 지원제도가 있다. 예를 들면 일정 요건을 채운 사업주가 장애인을 고용한 경우, 지불한 임금 일부를 지급하는 특정 구직자 고용개발 조성금, 도도부현 지사가 사업주에게 훈련을 위탁하여 훈련 종료 후에 계속해서 고용하려 하는 직장 적응훈련제도이다.

직장 적응훈련에서는 사업주에게 위탁비가, 훈련생에게는 훈련수당이 각각 지급된다. 그리고 장애인을 새롭게 고용하고 중도(重度)장애인의 고용유지를 위해서 작업환경의 개선이나 특별한 고용관리를 할 때 사업주의 경제적 부담을 경감시키는 것을 목적으로, 장애인고용 납부금 제도에 기초한 각종 조성금 제도가 있다.

그리고 중도(中途)장애인을 위한 장애인고용 계속지원사업에 기초한 조성금이나, 장애인을 고용하는 사업소에 관련되는 세제상의 우대조치 등이 있고, 이것들은 취로지원에 있어서 사업소에 제공할 중요한 정보라고 할 수 있다.

(4) 사후관리

사후관리는 후속조치라고도 한다. 취로를 실현하는 것뿐만 아니라 장애인의 직업생활의 질을 향상시키기 위한 계속적 지원을 하는 것이 중요하다. 직업재활에서는 단순히 장애인이 직장을 얻는 것에 그치지 않고 그것을 유지하고 향상시키는 것이 요청된다.

그런 의미에서 사후관리는 장애인의 취로지원에서 매우 중요한 과정이다. 앞서 말한 국제노동기구(ILO)의 직업재활의 기본원칙에서는 '직장 정착이 달성되기까지 추가 지도'라고 되어 있다. 사후관리는 직업소개가 만족할 만한 것이었는지를 확인함과 동시에

서비스 향상을 위해서 직업재활의 방침, 그리고 그 방법을 평가하는 것을 목적으로 이루어져야 한다고 되어 있다.

사후관리로서의 직장 정착 지원은 앞서 말했듯이, 취로 직후 일정 기간의 집중적인 지원과 그 후의 수시 지원이 있다. 취로 직후는 노동조건의 확인지원 외에, 직장실습부터 계속해서 실무적인 지원이나 직장환경의 조정, 개선이 있다.

이러한 지원을 통해서 사업주나 직장동료가 협력해서, 직장 내에서 지원자로서의 중심인물을 확보해 가는 것이 요구된다. 후자에 대해서는 본인이 일에 대한 의욕을 유지하고 안정적으로 계속 일을 하고 있는지, 본인에 대한 권리의 침해가 없는지, 이직으로 이어지는 문제가 발생하지 않았는지 등을 확인하기 위한 정기적인 직장방문 등이 있다.

정기적인 직장방문을 통해서 본인, 가족, 사업주 등 상호 의사소통을 시도하는 것과 신뢰관계의 형성이 중요하다. 업무내용의 변경이나 배치전환이 있는 경우에는 필요에 따라 새로운 작업 순서 작성이나 환경조정 등의 지원이 요구되며, 일본에서는 기관으로서 고용안정센터가 직업소개 업무의 일환으로 사후관리를 실시하고 있다. 장애인직업센터에서도 같은 지원이 이루어지며, 그 외에도 앞서 말한 사회자원 어디에서도 사후관리는 취로지원의 중요한 구성요소로 되어 있다.

또한 이들 지원과는 별도로 장애인고용사업소 측의 노력도 요구된다. 신체장애인 또는 지적장애인을 5인 이상 고용하는 사업소에서는 그 종업원으로서 자격을 갖는 것으로부터 장애인이 직업생활에 대한 적응능력을 높이고 최대한 능력을 발휘할 수 있도록 필요한 상담, 지도를 하는 '장애인직업생활 상담원'을 선임하도록 되어 있다.

그리고 장애인의 직장 적응과 정착을 조직적으로 추진하기 위해 사업소 내에 '직장정착 추진 팀'을 설치하도록 장려하고 있다. 이 팀은 사업소 대표자, 인사담당 과장, 소속 직장의 장, 장애인직업생활 상담원이 가담하여 장애인 직장 적응에 관한 문제에 대해서 검토·개선한다. 종래의 직장 정착, 직장 적응을 진행하기 위한 사후관리만이 아니라 그 장애인 직업생활의 질을 확보하는 시점에서의 접근도 중요하다. 그리고 필요에 따라 이직·퇴직의 지원을 하고, 연착륙(soft landing)시키는 것도 사후관리의 중요한 요소가 되었다.

사후관리와 관련해서 중요한 관점을 제공하는 것이 직무 지도원이다.

직무 지도원이 하는 지원

① 장애인에 대한 지원 사례

- 일에 적응하기(작업능력을 올린다. 작업의 실수를 줄인다.) 위한 지원
- 인간관계나 직장에서의 의사소통을 개선하기 위한 지원

② 사업주에 대한 지원

- 장애를 적절하게 이해하고 배려하기 위한 조언
- 일의 내용이나 지도방법을 개선하기 위한 조언·제안

③ 가족에 대한 지원

- 대상 장애인의 직업생활을 유지하기 위한 조언

단계에 맞는 지원

① 집중 지원기

- 장애인 및 사업주의 지원 욕구에 따라 직장 적응상의 과제를 개선하기 위한 지원
을 집중적으로 한다.

② 이행 지원기

- 필요한 지원을 계속하면서, 장애인을 지원하는 방법을 사업소의 담당자에게 전달
하고, 지원의 주체를 직무 지도원에서 사업소의 담당자로 서서히 이행해 간다.

③ 지원 종료 후

- 지원 종료 후에도 필요한 후속조치를 한다.

이처럼 점차 지도원에 의한 지원 빈도를 줄이고, 직장동료에 의한 자연적 지원으로
전환해 간다. 이처럼 소실되는 지원과정은 사후관리의 기본방향에 큰 시사를 준다.

직업적으로 중도(重度)의 장애인이 일할 기회를 확대해 가는 것에 있어 사후관리의

의미는 매우 크며, 직업적 자립 역시 사후관리를 전제로 한다고 인식하는 것이 필요하다. 직장 적응에 관한 많은 문제가, 일 그 자체에 기인하는 것만 아니라 장애인의 생활전반에 관련된 것에서 발생하는 경우도 적지 않다. 사후관리는 취로지원과 생활지원이 일체적으로 제공되는 가운데 효과가 있다고 말할 수 있다.

(5) 기타 장애인고용정책

장애인고용에 대해서는 장애인고용촉진 등에 관한 법률에 의해서, 일정한 규모 이상 (2007년 시점에서 상용 노동자 수 56명 이상)의 사업주는 장애인을 일정 비율 이상 고용해야 할 법률상의 의무가 있다. 이를 **장애인고용**(법정고용)이라고 하며, 그 비율을 **장애인 고용률**(법정고용률)이라고 한다. 그 비율은 다음과 같다.

일반 민간기업　　　　　　1.8%(56명 이상)
특수법인　　　　　　　　2.1%(48명 이상)
국가 · 지방 공공단체　　　2.1%(48명 이상)
도도부현 등 교육위원회　　2.0%(50명 이상)

※ 중도(重度) 신체장애인 및 지적장애인 한 명의 고용을, 두 명의 신체장애인 또는 지적장애인을 고용한 것으로 간주한다.

※ 2006년 4월 1일 시행된 법 개정에 따라 정신장애인도 법정고용의 대상이다.

※ 장애인고용 지도 강화와 병행해서 파견사원의 경우는 파견을 시킨 곳에 0.5명, 파견지에 0.5명으로 비율을 나누어 계산하는 것이 인정되었다. 이로 인해 장애인 파견사원을 단기간에만 파견시켜서 장애인고용률 부풀리기가 일어나지 않을까 우려되고 있다. 실제로 파견회사 측에서도 장애인고용률 문제를 세일즈 포인트로 알선하는 등, 장애인고용의 지도 강화가 역으로 장애인고용과 자립을 저해하지 않을까 걱정하고 있다.

또한 장애인고용촉진법 제44조, 제45조는 모회사가 다수의 장애인을 고용하는 목적으로 설립하고, 일정한 요건을 갖춘 자회사에 대해서 장애인 고용률을 산정하여 모회사의 고용으로 간주하는 제도를 마련했다. 이것이 특례 자회사 제도이다. 2007년 4월 말 현재, 213개의 회사가 특례 자회사로 인정받고 있다.

후생노동성의 장애인고용조사(2006년 6월 1일 시점)에 따르면 종업원 5,000명 이상 기업의 평균 고용률은 1.79%이다. 또한 상위 5개 회사는 다음과 같다.

유니클로 ·· 7.42%

일본 맥도날드 ·· 2.94%

시마무라 ·· 2.83%

스카이라크 ·· 2.82%

파나소닉 일렉트로닉 디바이스 ·· 2.79%

(6) 시각중복장애인 취로지원을 향한 당면과제(설문 참고)

취로지원의 인식, 위치에 관해서도 애매한 부분이 있고, 일반고용을 위한 취로지원과 복지적 취로지원에서도, 앞으로 시각중복장애인 취로지원에 대한 방향에 비중을 둘 필요성이 있다. 향후 문제점으로는 다음과 같은 점을 들 수 있다.

① 노동기관·시설뿐만 아니라 복지보건기관·시설, 양호학교 등의 교육기관, 당사자 단체, 시정촌(市町村), 자원봉사자, 권리 옹호기관 등 다양한 지원기관에 의한 폭넓은 지원연계가 필요

② 노동기관·시설과 시각장애(중복)를 이해하기 위한 계발활동

③ 특례 자회사 제도와 일반 기업의 전개에 의한 수주(受注)경쟁문제 등(복지적 취로 사업소에 있어서). 또한 기업과의 연계, 시스템의 구축

④ 취로지원으로 인한 사업소의 손실. 생산·노동력 저하(일반고용 등에 의해)

⑤ 장애인고용에 관해서 기업에 대한 조성금 외 기타 정보의 주지(周知)

⑥ 현재 지원자 배치에 있어서 취로를 전문으로 하는 지원자 확보·배치에 관한 재정적 문제

(7) 결언

이번 시각중복장애인 핸드북 개정에 따른 취로지원을 재검토하면서, 시각중복장애인의 일반고용이 어렵다는 것을 다시 실감했다. 이번 설문지를 제출한 시설 중 일반고용으로 이어진 사례는 한 건뿐이었으며(장애 정도는 불명) 거의 없는 것과 같은 상황이다.

> **참고** **실적 예(설문 결과)**
>
> ① 본인의 의사에 따라 케어 회의에서 취로를 목표로 하는 것을 확인
> ② 장애인직업센터(작업능력평가, 판정)
> ③ 실습지 선정
> ④ 실습 개시
> ⑤ 장애인직업센터에서 제도 소개
> ⑥ 제도 이용(직무 지도원 제도, 시험 고용제도)
> ⑦ 고용

향후 시각중복장애인의 취로지원을 생각할 때, (앞서 말한 대로) 복지적 취로에 있어서 취로지원이 중요해질 것이라고 생각한다. 이 경우, 작업지원(지도)의 항목과 중복되는 부분도 나오지만, 실제로 이번 설문조사에서는 작업에 참가하고 있는 이용자가 전체의 약 70%인 현실에 따라, 시각중복장애인 생활의 질을 생각함에 있어서도 작업, 취로는 중요한 부분을 차지하고 있다고 생각되며, 권한부여(empowerment) 관점에서도 할 수 있는 것은, 자신의 힘으로 하고 노력함으로써 이용자 생활의 질 향상으로 이어져 생활리듬을 찾아 후퇴하지 않는 생활력, 사회성을 따르게 된다.

앞으로 생활보호로 이행하려 해도 일과 중 활동에서 취로적인 부분은 필요하다고 생각되며, 중한 장애가 있어도 '일할 수 있는' 시스템의 구축이 필요하다. 그리고 그 외의 취로지원에서도 제도, 보조, 조성의 충실을 장애종별로 더욱 충실하게 해서 장애인고용 납부금 제도와 같이 장애인고용 미달성의 사업(재원)뿐만 아니라 제대로 된 재원을 바탕으로 장애인고용 외에도 충실히 도모해 가기를 바란다.

제5부

—

개별 지원 계획 :
기록과 평가

1. 개별 지원 계획 작성의 목적

'개별 지원 프로그램', '개별 지원 계획'이라는 단어를 장애인복지 분야에서 처음 사용한 것은, 2000년에 후생노동성이 제시한 '장애 아동 및 성인 시설의 서비스 공통평가기준'에서다. 여기서는 시설평가로서 개별 지원 계획의 작성과 그것을 기초로 지원을 하고 있는지를 질문하도록 되어 있었다.

지원비 제도가 시작된 2003년에 개정된 시설의 '설비 및 운영에 관한 기준'에서는 '시설 지원 계획'이라는 말로 시설에서의 '개별 지원 계획' 내용을 나타내고 있다. 그리고 2006년에 시행된 '장애인자립지원법'에서는 '장애인자립지원법에 따른 지정 장애복지 서비스 사업 등의 인원, 설비 및 운영에 관한 기준' 등에서 서비스 관리책임자의 업무로서, '개별지원 계획작성'을 설정하여 목적, 개요, 절차 등을 제시하고 있다.

그것에 따르면, 서비스 관리 책임자가 작성하는 개별 지원 계획은 "적절한 방법으로, 이용자에 관해서 갖고 있는 능력, 처해 있는 환경과 일상생활 전반의 상황을 평가함으로써 이용자가 희망하는 생활이나 과제 등을 파악하고, 이용자가 자립하여 일상생활을 영위할 수 있도록 지원하는 것에 있어서 적절한 지원 내용을 검토해야 한다"고 되어 있다. 또한 본인 또는 가족에게 그 내용을 설명하거나 개별 지원 계획을 평가해서 개선하도록 요구된다.

장애인자립지원법에서는 위와 같이 개별 지원 계획 작성의 목적은 "자립하여 일상생활을 영위하도록 한다"고 되어 있지만, '자립'의 내용에 대해서는 법률 시행 시부터 다양한 논의가 이루어지고 있다. 본래 개별 지원 계획 작성의 목적은 이용자의 권한부여를 지원하고, 생활의 질의 향상을 도모하며, 자기실현을 지원하는 것이다. 그러므로 작성을 할 때는 다음과 같은 사고가 필요하다.

① 본인이 원하는 생활을 실현시킬 수 있는, 본인 중심의 지원을 하는 계획일 것
② 무엇을 할 수 없는가가 아니라 어떤 지원이 있으면 무엇을 할 수 있는가에 초점을 맞춰 생각할 것
③ 이용자 본인 및 본인과 관련된 사람들과 함께 계획을 작성할 것

④ 계획에 따라 이루어진 지원의 모니터링, 계획과 지원의 평가, 사례 회의를 적절히 할 것

2. 개별 지원 계획 작성 전

개별 지원 계획을 작성할 때 지원자가 실천하면서 습득하고자 하는 자질과 기법은 다음과 같다.

(1) 자기 자각

지원자는 대인 지원을 할 경우, 끊임없이 자신의 장점, 단점, 경향 등의 특징을 자각해야 한다. 대인 지원이 지원자의 가치관에만 좌우되는 경우가 없도록 객관적인 입장으로 지원을 하기 위해서이다.

(2) 바이스텍(F.P. Biestek)의 7원칙

지원자는 기본적인 사회복지 업무 기술을 습득하려는 노력을 해야 한다. 여기에서는 기법으로서 가장 일반적인 바이스텍 7원칙을 제시한다.

① 개별화의 원칙   ② 의도적인 감정표현의 원칙
③ 통제된 정서 관여의 원칙   ④ 수용의 원칙
⑤ 비(非)심판적 태도의 원칙   ⑥ 자기결정의 원칙
⑦ 비밀 유지의 원칙

3. 개별 지원 계획 작성의 흐름

(1) 초기면접(intake, 이용자의 프로필 정리·확인)

상담하러 온 사람으로부터 사정을 듣는 최초의 케이스워크(case work) 단계에서 실제로 지원을 제공하기 위한 준비 작업을 한다.

① 이용자 · 가족의 말을 경청한다.

② 상태 파악과 주된 증상을 확인한다.

③ 이용 절차나 시설 서비스의 개요를 설명한다.

(2) 평가(assessment, 정보수집과 분석)의 실시

실제 지원에 필요한 이용자에 관한 정보수집과 분석을 위해서 평가지 등을 사용해서 신체 상황, 정신심리 상황, 기본적 일상생활동작 등을 객관적으로 파악해 간다.

① 이용자와 가족이 희망하는 생활

② 이용자의 하루 생활의 흐름과 생활환경(지역이나 주거)의 파악

③ 이용자의 능력(할 수 있는 것 · 할 수 없는 것)과 환경의 상호작용으로 발생하고 있는 과제

④ 과제의 정리(우선순위의 설정)

(3) 개별 지원 계획서의 작성

개별 지원 계획서는 일정 기간에 있어서 지원과 그 내용을 약속하는 문서이기 때문에 알기 쉬운 말로 작성해야 한다.

① 당면 과제와 목표(장기 · 단기)를 설정한다.

② 구체적인 지원 내용과 방법을 정한다.

③ 개별 지원 계획서를 작성한다.

④ 본인 · 가족에게 설명하고 동의를 구한다(고지에 입각한 동의).

(4) 지원의 실시와 기록(문장 · 비디오 · 사진 등에 의한 데이터 축적)

지원은 앞서 말한 지원자의 자질과 기법(자기 자각 · 바이스텍의 7원칙)을 습득함으로써 보다 효과적인 지원이 기대된다.

① 개별 지원 계획서에 따라 지원한다.

② 지원 상황을 상세하게 기록한다.

③ 지원 효과나 결과를 객관적으로 파악한다.

(5) 모니터링(중간평가와 수정)

모니터링은 계획된 지원이 계획대로 이루어지고 있는지, 또한 지원 효과를 높이고 있는지 어떤지에 대해서 다시 판단하는 것이다.

모니터링은 다음과 같은 시점으로 실시한다.

① 이용자의 권리가 지켜지고 있는가?

② 설정된 목표가 달성되고 있는가?

③ 지원에 대해서 이용자는 어떤 생각을 갖고 있는가?

④ 새롭게 이용할 만한 사회자원은 없는가?

⑤ 계획된 지원을 고집하고 있지 않은가?

⑥ 지원계획을 수정할 필요는 없는가?

⑦ 지원방법을 수정할 필요는 없는가?

⑧ 이용자의 보조(步調)에 맞추어 지원하고 있는가?

(6) 종료 시 평가

종료 시 평가는 지원의 종료(종결)를 의미하는 것이 아니라 어디까지나 지원과정의 도달점으로 규정한다.

종료 시 평가는 다음과 같은 관점으로 실시한다.

① 개별 지원 계획의 목표를 달성했는가?

② 개별 지원 계획은 적절했는가?

③ 지원을 통해서 이용자는 만족할 수 있었는가?

④ 남겨진 과제는 없는가?

⑤ 새로운 과제는 무엇인가?

4. 기록과 평가

(1) 기록의 목적

기록은 평소의 지원과 변화하는(혹은 변화하지 않는) 이용자의 상황을 있는 그대로 기록하는 것이며, 또한 좋은 지원이란 무엇인가를 모색하는 것이다.

그리고 관계기관과 협력할 때 정보를 공유하는 수단도 된다.

(2) 개별 지원 계획과 기록

① 개별 지원 계획은 일정한 의도를 가지고 계획적, 계속적, 구체적인 지원을 해 가면서 이용자가 생활하는 것에 있어서 가장 중요한 과제를 해결하는 과학적인 실천이다. 이용자가 본인만으로는 목적을 달성할 수 없는 부분을 밝히고, 그 부분을 적절한 지원을 통해 해소해 가기 위한 계획이다.

② 개별 지원 계획에 따라 지원한 상황을 기록하는 경우, 주어는 지원자이다. 계약된 서비스를 언제, 어디서, 어떻게 실시하고, 그 결과 이용자는 어떻게 지원을 받아들이고, 반응하고, 변화했는지를 기록한다. 그리고 지원자가 그때 느꼈던 것이나 다음번의 지원으로 이어 가고 싶은 아이디어도 써 두면 도움이 된다.

③ 개별 지원 계획으로 거론되고 있는 것은 최우선으로 지원하고 지원의 상황, 결과, 지원에 대한 평가 등을 기록한다. 개별 지원 계획은 사례 기록에도 첨부해 두고, 일정한 기간마다 지원 상황, 효과 등으로 나누어 기록한다. 그렇게 함으로써 재검토할 때 지원 결과를 확인할 수 있다.

④ 매일의 기록, 매달의 정리, 반년마다 기록이나 보고를 통해서 이용자와 지원자의 관계를 재확인할 수가 있다.

(3) 기록방법

① 개별 지원 계획의 내용에 따라 의도적, 계획적으로 지원한 것을 기록한다.

② '언제', '어디서', '누가', '무엇을·누구를', '어떻게', '어떻게 했다'를 있는 그대로 기록한다(5W1H).

③ 평소의 지원 장면에서의 행동·표정·언어 등을 기록한다.

④ 이용자가 한 말은「　」안에 그대로 기록한다.

⑤ 시각적인 방법(그림·사진·표·수치 등)도 사용해서 기록한다.

⑥ 이용자가 어떤 장면에서, 어떤 지원을, 어느 정도 필요로 하고 있는가, 지원자가 추측해서 필요하다고 생각되는 것도 기록한다.

⑦ 반말(~이다)이 아닌 경어체(~입니다, ~합니다)로 기록한다.

⑧ 다음 지원으로 이어지는 자료라는 것을 생각하면서 기록한다.

제6부

|

시각중복장애인 시설의
방재와 설비

1. 방재의 마음가짐

재해가 많이 발생하는 요즘, 시설생활에서 무엇보다도 시설 이용자의 생명과 안전이 보장되어야 한다. 시설 관계자 전원의 방재(防災) 의식의 고양과 방재 매뉴얼 작성, 일상 훈련의 축적, 더불어 방재 설비의 충실을 도모해야 한다.

우리는 기본적으로 다음과 같은 것을 결코 잊어서는 안 된다.

- 장애가 있는 사람들은 이동능력이 떨어지고, 정서장애나 행동장애가 있으며, 일상생활 속에서 다양하고 세심한 배려를 빼놓을 수 없는 존재이다.
- 이용자 집단은 행동이 개개인마다 다른 사람들로 구성되어 있다. 다시 말하면 집단이라도 제각각이다.

따라서 모든 지원자가 일상생활 속에서 개개인의 행동 특성이나 적응능력 등을 확실하게 파악해 두는 것이 중요하다. 그리고 시설 이용자의 고령화에 따라 휠체어, 병약, 난청 등 이른바 중도(重度)화에 대해서는 다음을 고려한다.

- 중도·최중도 이용자는 될 수 있으면 1층의 방을 사용한다.
- 장애의 정도에 따라 1층에서도 비상구 근처의 방을 사용한다.

대피라는 것을 고려하면 당연한 것인지도 모른다.

다음으로는 평상시부터 시설 환경을 점검·확인하고, 방재용 설비의 정기 점검에 대해서도 간과해서는 안 된다.

- 복도나 대피로, 비상구가 될 장소에 물건을 놓고 있지는 않은가?
- 주방이나 보일러실, 세탁실, 그 외에 화기를 취급하는 장소의 점검
- 방화문, 경보장치, 소화기 등 방재용 설비의 점검
- 정기적으로 시설 주변의 자연 상황의 변화, 초목의 재배·경사면의 상황, 수로의 상황, 하천의 상황, 호수와 늪 상황 등의 점검
- 기타 부지 내, 부지 외 주변, 건물 등의 점검

다음에는 방재대책 중의 하나로서 연락체제 등의 정비가 있다. 긴급사태 발생 시 시정촌(市町村), 소방서, 그 외의 방재 관계 조직(소방단 등) 등과 긴밀히 연락해서 연락 통보를 원활하게 할 수 있는 체제를 일상적으로 갖추어 놓는다. 그리고 관계 긴급연락처 명단, 지원자 긴급 연락망, 이용자 가족 등의 연락망을 항상 정리함과 동시에, 필요에 따라 사무실, 게시판 등 지원자가 보기 쉬운 장소에 게시하는 등의 조치를 마련해 놓아야 한다. 그리고 방화 관리 전반에 걸쳐서 현지의 소방기관(소방서, 소방단)의 협력이 꼭 필요하기 때문에 일상적으로 관계를 보다 긴밀하게 해 두는 것이 중요하다.

- 정기적으로 이루어지는 예방 사찰 등은 적극적으로 받아들이고, 지도나 조언을 요구한다.
- 대피훈련에서도 할 수 있으면 소방기관의 입회를 요청하고, 이용자의 장애 실태와 대피 상황, 소방 설비 등을 충분히 파악해 달라고 한다.

재해가 발생한 경우, 지원자만으로 대응하기에는 어려움이 많으며, 지역 주민이나 자원봉사자 조직과도 연계를 긴밀하게 하는 등 긴급할 때 응원·협력체제를 확보해 두는 것이 시설에는 큰 도움이 된다. 하지만 이것은 하루아침에 가능한 것이 아니며, 세심한 교류활동에서 시작되어 지역사회 행사에 적극적으로 참가하거나 시설의 행사에 초대하는 등, 오랜 세월에 걸쳐 서서히 이루어지는 것이다. 서로 '지역사회 속의 시설', '시설도 지역사회를 구성하는 일원'이라는 의식이 성숙해 가야만 한다. 지금까지도 앞으로도 노력해 가야 하는 과제일지 모른다.

(1) 화재

화재는 사람들의 사소한 틈을 노리고 발생하며, 한순간에 소중한 인명이나 귀중한 재산을 빼앗아 가 버린다. 화재는 언제 어디에서 발생할지 모른다. 그리고 어느 건물에나 화재가 발생할 위험성은 잠재하고 있다. 화재가 발생했을 경우, 화재 초기 단계에서의 대응이 그 피해 정도를 결정짓는다. 아무리 훌륭한 건물이나 설비를 설치해도, 그것을 유지·관리하지 못한다면 정작 중요한 순간에 도움이 되지 못한다. 즉 하드한 면과 소프트한 면의 대응이 확실하게 이루어져야만 안전이 확보된다. 과거의 화재를 보면 화재의 발견이나 통보가 늦거나, 초기 소화나 대피 유도 등이 적절하게 이루어지지 못해서 그 피해가 더 커졌다.

따라서 화재 발생을 방지하는 것은 당연하지만, 만일 화재가 발생한 경우라도 조기에 화재를 발견해서 소방기관에 통보하고, 각각의 지원자 역할에 따라 연계·협력해서 초기 소화나 대피 유도를 신속히 하여 피해를 경감시킬 수 있어야 한다. 이것은 소방법 8조에 "방화 관리자를 지정해서, 소방 계획을 작성하고 해당 소방계획에 기초한 소화, 통보 및 대피훈련을 실시해야 한다"고 되어 있다. 그리고 소방법 시행 규칙 3조 11항·12항에는 "특정 방화 대상물에 있어서는 소화 훈련 및 대피 훈련을 1년에 2회 이상 실시하고, 훈련을 실시하는 경우에는 사전에 그 사실을 소방 기관에 통보해야만 한다"고 되어 있다. 화재가 발생하여 혼란상태 속에서 냉정하게, 더구나 임기응변에 대응할 수 있는 능력을 키우기 위해서도 각각의 시설의 실정에 맞는 소방훈련을 반복하며, 유사 체험을 쌓는 것이 가장 중요하다.

근래 사회복지 시설에서의 화재 대부분이 야간에 발생하여 큰 참사가 되었다. 당연히 야간근무 체제와 이용자 수를 비교하면, 한정된 지원자만으로 119번 신고, 초기 소화, 이용자의 대피 유도를 단시간에 정확하게 실시하는 것은 쉽게 할 수 있는 것이 아니다. 이를 위한 대책으로서 자치성 소방청에서 1989년 3월에 사회복지시설에 대해 야간 방화관리 체제 매뉴얼을 작성하고, 야간 방화 관리체제의 검증을 수행하도록 통보하고, 또 동시에 1년에 2회 이상의 소방 훈련 중에서 1회 이상의 야간 가상훈련을 실시하도록 지도가 이루어졌다. 야간 가상훈련에서는 화재 발생 시에 지원자가 하지 않으면 안 되는 최소 필요 행동을 다음에 제시하는 7가지로서, 건물 구조나 내장, 소방 방재설비의 설치 상황 등에 따라 설정되는 한계 시간 내에 소정의 행동을 마칠 수 있는지를 검증한다.

① 발화 장소의 확인　　② 현장 확인
③ 소방 기관에 신고　　④ 초기 소화
⑤ 구획의 형성　　⑥ 대피 유도
⑦ 소방대에 정보 제공

검증 결과, 한계 시간 내에 소정의 대응사항을 완료하지 못한 경우에는 다음의 개선 내용을 검토해서 실현 가능한 대응책을 마련할 필요가 있다.

① 훈련에 의한 대응시간의 단축　　② 야간 방화 관리체제의 변경

③ 대응 사항의 변경　　　　　　　　④ 설비 등의 강화

⑤ 건물구조 등의 강화

(2) 지진

방재라고 하면 당연히 '화재'를 제일 먼저 생각하게 되지만, 지진이나 풍수해·눈피해 등 다양하다. 그러나 그중에서도 지진은 자연재해 중에서 가장 피해가 큰 것이며, 두려운 것의 필두로 꼽히고 있다.

그것은 지진으로 인한 재해가 단발적인 것이 아니라 다른 재해를 유발해서 결정적인 대재해로 발전할 가능성이 있기 때문이다. 또한 지진에 의한 2차 재해로서 화재, 건물 등의 붕괴, 산사태, 해일 등을 생각할 수 있다.

지진 발생 그 자체를 방지하는 것은 불가능하지만, 필요한 예방 대책을 마련해 두면 지진에 의한 피해를 최소화하는 것이 가능하다.

① 시설의 안전 확인, 비품 등의 낙하, 미끄러져 넘어짐 등의 방지 조치

② 방화 관리자가 중심이 되어 화기 설비·위험물 등을 점검·보수

③ 충전식 손전등·휴대용 라디오·핸드마이크 배치

④ 비상식량이나 음료수의 비축(최소 3일분)

⑤ 지진 시에 해야 할 조치의 내용을 구체적으로 매뉴얼화해서 평상시 훈련

또한 지진으로 인해 전기·가스·수도·전화·도로·철도 등이 복구되기까지는 자력으로 식량이나 음료를 확보(비축분 포함)해야 한다. 그리고 겨울철이라면 난방의 확보도 필요하게 된다. 이른바 라이프라인(lifeline, 생명선)의 확보가 반드시 필요하게 된다.

지진 발생 시

- 지원자는 냉정하게 대응하고, 이용자의 혼란상태 방지에 노력한다.
- 화재 발생 방지에 노력한다.

지진 발생 후

- 화재의 뒤처리를 엄중히 한다.
- 화재 발생이 없고 붕괴 우려가 없다고 확인되면, 서둘러서 대피 유도를 하지 않고, 그 자리에 머무르는 편이 안전하다. 단, 휴대용 라디오에서 강한 여진 경보가 있을 경우에는 건물에서 멀어진다는 의미를 포함해서, 이용자를 사전에 지정된 대피장소로 대피시킨다.
- 휴대용 라디오, 관계 방재기관(소방서·관공서)으로부터 정보를 적극적으로 수집하고 상황 파악을 해서 적절히 판단한다.

(3) 풍수해 대응

근래의 이상 기상으로 인해 강수량이 대폭 증대되고 수해는 물론, 2차 재해인 토석류·사태·산사태 등의 대규모 토사 재해가 발생하고 있다. 시설에서도 화재·지진과 함께 방재 대책을 추진해야만 한다.

① TV, 라디오의 기상정보에 주의를 기울이고, 사전에 부지나 건물 주변을 재점검하여 재해 발생에 대한 대비를 게을리하지 않는다.

② 주의보나 경보가 발령된 경우는 특히 그 후의 기상정보에 주의하며, 만일 시정촌장으로부터 큰 비에 따른 '대피준비 정보', '대피 권고', '대피 지시' 등이 발령된 경우에는 지역의 소방기관, 자주 방재 조직, 지역주민과의 연락·연계를 취하며 신속하게 대피한다.

③ 재해 발생 시(특히 야간)에는 간부 지원자 및 시설 근처에 거주하는 지원자를 포함해서 초기 태세가 중요하기 때문에 지원자 간의 비상연락계통을 명확하게 해서 준비해 둔다.

2. 대피훈련(안전교육)

대피훈련은 재해를 대비해서 대피하는 절차를 반복해서 체득하는 것이 목적이다. 일상적으로 훈련을 실시해서 지원자나 이용자 중에 방재 의식과 기민한 행동을 취할 수 있도록 해야만 한다. 자율적 행동 대부분을 요구하는 것이 불가능한 중도·최중도 장애인에게는 어려운 과제이기는 해도 방재 대책의 기본으로 반복 훈련하는 것이 중요하다. 달리 말하면 이용자의 생명과 안전을 지키는 '지원자를 위한 훈련'이기도 한 것이다. 각각의 시설 실태에 맞는 실효성이 높은 훈련이 되도록 노력해야 한다.

(1) 대피훈련에 있어서 중요한 점

① 훈련은 정기적으로 한다.

② 훈련을 할 때는 모든 지원자의 역할을 명확히 하고, 재해가 발생한 경우에도 혼란스럽지 않게 활동할 수 있도록 한다.

③ 대피 유도의 우선순위는, 기본적으로 화재가 발생한 장소에서 가까운 방부터 실시한다. 단, 불이나 연기가 피어오르는 상태에서 어느 곳을 우선할지는 그 장소의 상황에 따라 정확하게 판단해야 한다.

④ 화재 발생 구획으로부터 전원 대피하면, 최대한 빨리 복도의 방화문이나 창문을 닫는다. 그렇게 하면 대피하는 시간을 벌 수 있다.

⑤ 특히 야간이라서 대피가 늦어지는 경우, 불이나 연기로부터 생명을 지킨다는 관점에 서면, 창문으로의 대피도 필요한 조치이다.

⑥ 훈련 시 실제로 발연통을 피워서 연기를 체험하게 하면 지원자에게는 연기의 흐름이나 속도, 이용자에게는 평소부터 연기를 피하게 하는 등, 효과적인 수단이라고 생각된다.

⑦ 대피 시에는 인원파악이 첫 번째이기 때문에 혼란스러울 것을 예상해서 다양한 장면을 가상해서 훈련하는 것이 중요하다. 특이한 행동이 예상되는 사람에게는 특별한 배려가 있어야만 한다.

⑧ 대피한 사람의 점호는 인원의 보고 확인뿐만 아니라 누가 대피했고 누가 없는지

구체적으로 파악한다.

⑨ 대피 장소는 야간에도 안전하게 유도할 수 있는 장소를 선택해 둔다.

⑩ 자기 자신에게 이상이나 위험을 느꼈을 때, 재해나 사고를 발견했을 때 등을 가상해서 일상적으로 다음과 같은 훈련을 해 두는 것도 중요하다.

- 큰 소리를 내서 사람들에게 알리는 훈련
- 큰 소리를 내서 지원자에게 알리는 훈련
- 지원자의 지시(대기하는 등)나 유도에 따르는 훈련

(2) 아이디어의 일례

① 운송 시에는 휠체어를 사용하고, 업어 나르고, 침대시트를 사용해서 나르고, 이불을 사용해서 나른다.

② 계단을 오르내릴 때, 도중에 지원자가 들어가서 혼란 사고를 피한다.

③ 맹농 중복인 사람에게는 통일된 신호로 알린다.

④ 앞사람의 양어깨에 양손을 올리고 대피한다(기차놀이).

⑤ 대피훈련 시에는 매번 실시 내용, 반성할 점, 문제점 등을 정리한 기록부를 정비함과 동시에, 그 기록에 근거해서 다음 대피훈련에 활용한다.

⑥ 지진이나 풍수해 등의 발생을 가상해서 사전에 대피장소나 광역(廣域) 대피장소가 어디에 있는지, 시설에서 어떤 경로를 통해서 가는 것이 가장 안전한지 등을 확인해 둔다.

⑦ 야간훈련은 실시가 곤란하기 때문에 주간에 야간을 가상해서 실시한다.

(3) 문제점과 과제

① 대피용 미끄럼틀이나 구조대는 시각장애인에게는 적합하지 않다. 하강 시에 충돌사고가 난다.

② 야간의 대피 유도 태세.

③ 맹농 중복인 숙소에서는 전원에게 한 번에 알리는 일이 불가능하다.

④ '화재'라는 의미를 이해하지 못하는 중도·최중도 장애인은 벨이나 방송, 지원자
　의 지시에 전혀 움직이지 않기 때문에 강제적으로(힘으로) 데리고 나가게 된다.

⑤ 대피로는 발화점에 따라 변경이 필요한데, 그때 임기응변을 이해하지 못한다.

⑥ 자유 시간인 경우 이용자 소재 파악이 과제이다.

⑦ 대피라고 하면 무조건 밖으로 나간다고 생각하는 습관이 있어서, 그 장소에서 지
　원자의 지시(경우에 따라서는 그대로 대기하는 것)를 듣는 냉정함, 판단력이 부
　족하다.

⑧ 창문으로 대피 시, 열쇠로 열지 못하는 사람의 경우.

⑨ 야간(수면 중), 식사 시간 중, 목욕 시간 중에는 훈련 실시가 어렵다.

3. 예상되는 특이행동의 예

(1) 새로운 사태에 대한 적응곤란

① 화재나 지진 등과 같이 경험하지 않은 사태를 만나면 누구라도 공포심을 갖게 되
　지만, 이용자의 경우는 특히 이상반응을 보이고, 침대 아래나 이불 속으로 들어
　가거나 벽장이나 화장실에 들어가거나 신체가 경직돼서 그 장소에서 움직이지
　않는다.

② 발화점에 따라 대피 경로를 바꿔서 지시해도 임기응변의 행동을 하지 못한다.

③ 신발(실내화, 실외화) 등에 망설이다 대피가 늦어진다.

④ 훈련에 익숙해져서 실제 화재 시 지원자의 지시에 따르지 않고 혼란상태가 되었
　던 예도 있어서 "불이야!"라는 것보다 오히려 "대피훈련이다!"라는 것도 아이디
　어이다.

(2) 이상한 흥분

① 불을 향해서 달린다.

② 토라지거나 난폭해진다.

③ 지원자의 손이나 몸을 잡고 놓지 않는다.

④ 유도하기 위해서 지원자가 돌아오면 뒤에 붙어 되돌아온다.

(3) 집착

자신의 방이나 소유물에 집착해서 대피하지 않는다. 한 번 안전한 장소에 대피시켜도 불타고 있는 실내로 돌아가려고 한다.

(4) 몽롱한 상태

항간질약이나 안정제를 복용하고 있는 사람은 몽롱한 상태에서 평소의 상태로 좀처럼 돌아오지 못한다.

(5) 기타

① 여러 장소에서 울리는 비상벨 음원을 향해서 뛰려 하다가 길을 잃고 대피가 늦어져서 혼란상태가 된다.

② 약시 등 조금이라도 시력이 있는 사람은 '불' 그 자체가 보이기 때문에 더 흥분한다. 또한 야간의 대피는 보행이 곤란해진다. 주간에는 보인다 하더라도 안심할 수 없다. 오히려 전맹인 사람보다 손이 많이 가는 경우가 있다.

4. 소방용 설비 등에 대해서

화재가 발생했을 때 초기에 소화하기 위한 수단이 필요하다. 이 때문에 소방법 제17조에서는 방화 대상물의 용도, 규모, 구조 등에 따라 제각기 필요한 소화 설비 설치를 의무화하고 있다. 이 외에 화재 발생을 조기에 감지하거나 혹은 화재라는 것을 긴급히 대상자 전체에 알리는 설비로서, 경보 설비나 대피 시 필요한 대피 설비도 각각 설치해야만 한다. 소방법에서는 이들을 총칭해 '소방용 설비 등'이라고 부르고 있지만, 그 설치와 유지·관리는 기술상의 수준에 따라야만 하며, 우리 일반 지원자가 감당할 수 없으므로 통상 소방설비사 등의 유자격자에게 위탁해야 한다. 점검 시에는 가능한 여러 명의 지원자가 입회하여 소방용 설비의 구조나 기능, 조작법 등에 대해서 이해를 높이는 노력이 필요하다. 다음에서 여러 가지 설비를 제시한다.

(1) 소화 설비

① 소화기 및 간이 소화용 기구(물 양동이, 수조, 건조 모래)·옥내 소화전 설비

② 스프링클러 설비·물 분무 소화 설비·거품 소화 설비·불활성 가스 소화 설비

③ 할로겐화물(化物) 소화 설비·분말 소화 설비·옥외 소화전 설비

④ 동력 소방펌프 설비

(2) 경보 설비

① 자동 화재 통보 설비·가스누출 화재 경보 설비·누전 화재경보기

② 비상 경보 설비(비상벨, 자동 사이렌, 방송 설비)

③ 비상경보 기구[경종, 휴대용 확성기, 수단식(手段式) 사이렌]

④ 소방기관에 통보하는 화재 통보 설비

(3) 대피 설비

① 대피기구(미끄럼틀, 대피용 사다리, 구조대, 완강기, 대피용 다리 등)

② 유도등 및 유도 표식

(4) 그 외의 설비

① 방화용수 또는 그것을 대체하는 저수지, 그 외의 용수·배연 설비

② 연결 살수 설비·연결 송수관·비상 콘센트 설비·무선 통신 보조 설비

③ 패키지형 소화 설비·패키지형 자동 소화 설비·방화문·방화벽

④ 건물의 내화 구조·내장용 불연재·난연재·철망유리·강화유리

⑤ 커튼 및 카펫 방염가공

이상의 '소방용 설비 등'을 설치해도 반드시 완전하다고는 말할 수 없는 경우도 있기 때문에, 각 방화 대상물에 맞는 안전대책을 생각해 둘 필요가 있다.

예를 들면, 옥내 소화전은 초기 소화에 있어서 소화기로 끌 수 없던 화재를 진압하기 위해 가장 효과적인 소방 설비이다. 옥내 소화전에는 '1호 소화전'과 '2호 소화전'이 있다. '1호 소화전'은 수평거리 25m 이하, '2호 소화전'은 수평거리 15m 이하이다. 특히 '1호 소화전'은 높은 소화능력을 갖고 있는 반면, 조작이 복잡하고 압력이 강력해서 물을 뿜어내기 위해서는 최소 2인이 필요하다.

시설에서는 주간이면 모르겠지만 야간을 생각하면 두 명의 지원자가 필요한데, 이것은 통보나 대피유도를 동시에 진행하려면 혼란스러워질 수 있기 때문이다. 그러나 최근 '1호 소화전'의 새로운 종류로서 '쉬운 조작성 1호 소화전'이 개발되었다. 이것은 '1호 소화전'의 소화능력은 그대로이고, '2호 소화전'과 마찬가지로 혼자 쉽게 방수할 수 있도록 조작성 등을 향상시킨 것으로, 향후 시설 등에 널리 설치될 것으로 생각된다.

그런데 스프링클러 설비에 대해서는 불특정 다수의 사람이 출입하는 비교적 대규모 건물에는 설치가 의무화되었다. 그러나 예전에 자력 탈출이 곤란한 사람들이 이용하고 있는 사회복지 시설에서 화재가 연달아 발생했기 때문에 1987년에 관계 법령이 개정되어 사회복지 시설 등에서는 비교적 소규모일지라도 스프링클러를 반드시 설치하도록 되었다.

스프링클러 설비는 자동 소화 장치라고도 하며, 사람이 개입하는 부분이 전혀 없기 때문에 평소 유지 · 관리만 충분히 하면, 만일의 화재 시에도 매우 안정된 소화 효과를 발휘할 수 있다. 일반적으로 스프링클러 설비에 의한 소화의 성공률은 97.8%라고 한다. 단, 이만큼 우수한 설비라도 ① 스프링클러헤드는 천장에서 아래로 설치되어 있기 때문에 천장 안에서의 화재 발생(누전 등으로 인한)에는 대응하지 못한다. ② 스프링클러헤드 주변이 일정 온도(통상 72℃)에 달했을 때 작동하는 것이기 때문에 작동 시 바닥 부근은 이미 200~400℃의 고온이 되어 있어서 당연히 실내의 인명을 지키지 못하는 것은 아닌지 몇 가지의 어려운 점도 있다. 그러나 옆 방, 옆 동으로의 연소는 막을 수 있어서 대참사로 이어지지 않는다는 효과가 있다.

다음은 자동 화재경보기에 관한 것이다. 알려진 바와 같이 이 설비는 화재 시 열, 연기 또는 불길을 감지기로 감지하여 자동으로 경보(벨소리)를 울리게 함으로써, 화재를 조기에 발견하고, 조기 신고, 초기 소화, 조기 대피가 가능하도록 만들어진 경보 설비이다. 예를 들어, 도쿄 소방청의 조사에 의하면 자동 화재경보가 설치되어 있는 화재 발생 건물 2,056건 중에서 실질적인 작동률은 95.4%라는 결과에서 우리는 자동 화재경보의 기능을 좀 더 중시해야만 한다. 단, 이 자동 화재경보 설비에서 큰 문제가 되는 것은 비(非)화재 경보의 문제이다.

(5) 자동 화재경보기에서 자주 발생하는 비(非)화재 경보와 그 대응

① 급속히 난방을 켰을 때(급격한 온도차)

② 이용자의 장난으로 버튼을 눌러 버린다.

③ 이용자가 더듬으면서 걷다가 실수로 버튼을 눌러 버린다.

④ 작은 벌레가 들어간다.

⑤ 방충 스프레이를 사용했을 때

⑥ 자동차의 배기가스

⑦ 욕실, 난방으로 인한 수증기

⑧ 우천이 계속될 때의 습기

⑨ 짙은 안개가 발생했을 때

⑩ 농약 살포, 들판을 태울 때의 연기

⑪ 원인불명(공기 중의 먼지, 노후화)

이러한 비화재 경보는 연기 감지기 편이 열 감지기에 비해서 훨씬 많은 것 같다. 거꾸로 말하면 그만큼 민감하고 정확한 것이다. 이 때문에 화재도 아닌데 빈번하게 벨이 울리면, 정작 화재일 때도 "또 시작이군"이라는 기분도 들게 되고, 수신기의 벨을 끄게 될 수도 있다. 비화재 경보가 계속되어 벨 작동을 멈추게 해서 때마침 화재가 발생해 전관(全館)통보가 늦어져서 대피 유도도 못하고, 그 때문에 많은 사상자를 냈다는 사례가 과거에 많이 볼 수 있기 때문에, 될 수 있으면 비화재 경보 대책을 빈틈없이 실시할 필요가 있다. 중요한 것은 비화재 경보가 있을 때 어떻게 대응할까 하는 것이다.

- 원인이 판명되기까지 조사해서 비화재 경보라는 것을 알게 되면 방송으로 설명한다.
- 비화재 경보라도 훈련과 마찬가지로 대피시켜서 인원 점호를 하고, 비화재 경보의 원인을 설명한다. 여러 번 계속해서(같은 날 같은 원인 때문에) 있을 때는 방송으로 설명하고, 어디까지나 특별한 경우라는 것을 이해시킨다.
- 이용자는 대피 태세에 자세를 갖추고, 지시가 있기까지 대기하는 습관을 붙인다.

현재 비화재 경보를 되도록 줄이기 위해서 화재 신호(연기, 열, 또는 불길을 감지한 감지기의 신호)를 보내도 바로 경보를 울리지 않는 축적형 수신기나 연기 감지기가 새롭게 개발되어 일과성 연기나 열에 의한 비화재 경보를 방지하고 있다. 그리고 연기와 열을 동시에 감지하지 않으면 화재 신호를 발신하지 않는 감지기, 또는 2신호 수신기, 또는 적응감지기의 선택기준에 의해서 비화재 대책이 진행되고 있다.

중요한 것은 기계나 설비를 전부 설치했다고 해도 "이것으로 완전하다"라고는 결코 말할 수 없다는 것이다. 과거 호텔이나 병원, 혹은 사회복지 시설 등의 대참사를 보아도 분명하다. 즉 법률이 우리를 지켜 주는 것은 아니다. 그것을 보완하고 이용자의 생명과 안전을 지키는 것은 역시 우리 지원자의 방재에 대한 의식과 평상시의 훈련은 아닐까?

참고 소방법 시행령 개정(2009년 4월 시행)에 따른 장애 아동 및 성인 시설 및 보호시설에 관한 소방설비의 설치 의무

소방법 시행령상의 위치		별표 제1(6) ㅁ(로)	별표 제1(6) ㅅ(하)
대상시설 ※ 밑줄 친 부분은 개정에 의해서 추가		【입소시설(장애아·중도장애인), 케어홈(중도), 구호시설】 ① 장애아시설(입소) ② 장애인지원시설·단기입소·케어홈(장애 정도 4 이상인 자가 80%를 넘는 것으로 제한), 구호시설	【상기 이외[소시설(집에서 다니는 시설), 그룹홈, 갱생시설 등]】 ① 장애아시설(통소) ② 장애인지원시설·단기입소·케어홈(장애 정도 4 이상인 자가 80%를 넘는 것을 제외) ③ 신체장애인복지센터, 지역활동지원센터, 복지홈, 장애복지 서비스 사업소(생활보호, 아동데이케어, 자립훈련, 취로이행지원, 취로계속지원), 그룹홈, 갱생(更正)시설
스프링클러 설비	개정 전	1,000m² 이상(단층 건물 제외)	6,000m² 이상(단층 건물 제외)
	개정 후	275m² 이상	
자동 화재 통보 설비	개정 전	300m² 이상	300m² 이상
	개정 후	모든 시설	
소방기관에 대한 통보장치	개정 전	500m² 이상	500m² 이상
	개정 후	모든 시설	

※ 상기 설비의 설치에 관한 소방법 시행령 개정은 2009년 4월 1일 시행. 단, 기존 시설은 2009년 3월 말일까지의 유예기간이 설정되어 있다.

※ 구법(舊法) 시설은 별표 제1(6)항 ㅁ(로)에 '신체장애인 갱생 원호시설(주로 장애 정도가 중한 자를 입소시킴), 지적장애인 원호시설(입소)', 같은 항 ㅅ(하)에 '신체장애인 갱생 원호시설(왼쪽 이외), 지적장애인 원호시설(통소), 정신장애인 사회복귀 시설'이 있다.

부록

—

시각중복장애인
복지관계 연표

시각중복장애인 복지 관련 사항	연도	장애인 복지 관련 사항
	1946년	일본국 헌법 공포
	1947년	아동복지법 공포
	1948년	맹·농학교 취학의무화 헬렌 켈러 일본 방문
아동복지법 개정(맹농아시설을 독립규정)	1949년	신체장애인복지법 공포 일본정신박약자애호협회 결성 전국신체장애인연합회 결성
	1950년	(신)생활보호법 공포
	1951년	사회복지사업법 공포
	1952년	전국정신박약아육성회(손을 맞잡은 부모모임) 결성
	1954년	맹학교 등에 대한 취학장려법 공포
도쿄 히카리노이에(도쿄도) (1919년에 설립된 도쿄 히카리노이에가 갱생시설에서 구호시설로 변경)	1955년	
국립 **치치부학원**(정신박약아시설·사이타마현) 개설(맹정신박약아 처우 시작)	1958년	
	1960년	정신박약자복지법 공포
히코네학원(정신박약아시설·시가현) 개설(맹정신박약아 대상 일본 최초의 전문시설)	1962년	
아오이시마학원(맹아시설·야마나시현)에 맹정신박약아전용동 설치	1963년	

(계속)

시각중복장애인 복지 관련 사항	연도	장애인 복지 관련 사항
케이메이원(구호시설, 치바현) 개설	1964년	전국중증심신장애 아동과 성인을 지키는 모임 결성
코도원 라이트센터(중도신체장애인 수산시설, 후쿠이현) 개설 「빛의 모임」(맹정신박약아를 지키는 모임) 결성 (오사카)	1966년	
	1967년	아동복지법 개정(중증심신장애아시설 창설)
히코네청년기숙사(정신박약자 갱생시설, 시가현) 개설 **아이코학원**(맹아시설, 치바현)에 맹정신박약아 전용동 설치	1969년	
코도원 라이프 트레이닝센터(신체장애인 요호시설, 후쿠이현) 개설 「빛의 모임」 결성(도쿄) 공립에서 맹정신박약자 처우 시작(부립 **콘고우 집단 거주지** : 정신박약자 갱생시설, 오사카부)	1970년	심신장애인 대책기본법 공포
	1971년	사회복지시설 긴급정비 5개년 계획 국립특수교육종합연구소 개설
타가야 마사오 맹정박아의 지도(메이지도서출판) 간행 **아이메이원**(중도신체장애인 갱생원호시설, 히로시마현) 개설 공립 최초 전문시설 도립 **코다이라복지원**(정신박약자 갱생시설, 도쿄도) 개설	1973년	심신장애아의 양호교육의무화 내각회 결정(시행은 1979년도)
코도원 라이트호프센터(중도신체장애인 갱생원호시, 후쿠이현) 개설 **아사히가와카갱생원(현 히카리노이에 에이코우원)** (중도신체장애인 수산시설, 도쿄도) 개설	1974년	

시각중복장애인 복지 관련 사항	연도	장애인 복지 관련 사항
	1975년	(재)중복장애연구소 개설
아오이시마성인기숙사(야마나시현) 개설	1976년	
에덴의원(미야자키현) 개설	1978년	
「맹중복연」 결성준비회(후쿠이) **다이니후몬케기숙사**(홋카이도) 개설 **히카리노이에신세이원**(도쿄도) 개설	1979년	양호학교가 의무교육으로 됨
일본 맹중복장애인복지시설연구협의회 발족(맹중복연) 제1회 전국대회 개최(시가현) **토요우라야마토갱생원**(홋카이도) 개설 **죠우메이원**(나가사키현) 개설	1980년	국제장애분류(ICIHD) 시안 발표 (WHO)
제2회 맹중복연 대회(히로시마) **코도원 히카리가오카 워크센터**(후쿠이현) 개설	1981년	국제장애인의 해(IYDP)
제3회 맹중복연 대회(도쿄) **메이와원**(정신박약자 갱생시설·치바현) 개설 **시노노메기숙사**(시마네현) 개설	1982년	장애인에 관한 장기계획
제4회 맹중복연 대회(미야자키)	1983년	"국제연합 장애인의 10년" 개시년
제5회 맹중복연 대회(야마나시)	1984년	세계맹인연합(WBU) 설립
제6회 맹중복연 대회(후쿠이) 실태조사보고(맹중복연)	1985년	
제7회 맹중복연 대회(치바)	1986년	기초연금제도 창설
제8회 맹중복연 대회(시마네) **코우후우장**(이바라기현) 개설	1987년	사회복지사 및 개호복지사법 공포
제9회 맹중복연 대회(나가사키) **코우세이기숙사**(오카야마현) 개설	1988년	
제10회 맹중복연 대회(홋카이도) 시각중복장애인 복지핸드북 발행(맹중복연)	1989년	골드플랜 책정

(계속)

시각중복장애인 복지 관련 사항	연도	장애인 복지 관련 사항
제11회 맹중복연 대회(가나가와) **코우요우장**(시즈오카현) 개설	1990년	복지관계 8법 개정
제12회 맹중복연 대회(오이타)	1991년	
제13회 맹중복연 대회(도쿄) **일본 라이트하우스 키라키라**(오사카부) 개설	1992년	
제14회 맹중복연 대회(후쿠이)	1993년	장애인 기본법 공포
제2차 실태조사보고(맹중복연) **리호프**(중도신체장애인 갱생원호시설, 치바현) 개설 **르미에르**(신체장애인 요양시설, 치바현) 개설 메이와원을 **메이와**로 개명 제15회 맹중복연 대회(미야자키)	1994년	1993년도 후생성 심신장애연구보고 (분담연구자 맹중복연 회장 다나카 노조미)
이미즈원(도야마현) 개설 제16회 맹중복연 대회(히로시마) 이미즈원	1995년	장애인 대책추진본부 "장애인 플랜" 발표 1994년도 후생성 심신장애연구보고 (분담연구자 맹중복연 회장 다나카 노조미)
제17회 맹중복연 대회(시가)	1996년	후생성 대신관방에 「장애보건복지 부」 설치 1995년도 후생성 심신장애연구보고 (분담연구자 맹중복연 회장 다나카 노조미)
제18회 맹중복연 대회(치바)	1997년	
제19회 맹중복연 대회(야마나시)	1998년	사회복지 기초구조개혁의 제언 정신박약자복지법 개정(용어를 '지 적장애'로 변경)
제20회 맹중복연 대회(오사카)	1999년	성년후견제도 제정 골드플랜21 발표
제21회 맹중복연 대회(나가사키)	2000년	개호보험법, 사회복지법 시행

시각중복장애인 복지 관련 사항	연도	장애인 복지 관련 사항
제22회 맹중복연 대회(시즈오카)	2001년	국제생활기능분류(ICF) 채택(WHO)
제23회 맹중복연 대회(군마)	2002년	장애인 기본계획 · "신장애인 플랜" 책정
제24회 맹중복연 대회(시마네)	2003년	지원비 제도 시행
제25회 맹중복연 대회(홋카이도)	2004년	"개혁의 그랜드 디자인" 발표
제26회 맹중복연 대회(오카야마)	2005년	장애인 자립지원법 성립 2003년, 2004년 후생노동과학 연구 보고(분담연구자 맹중복연 회장 야마우치 스스무)
제27회 맹중복연 대회(가고시마)	2006년	장애인 자립지원법 시행 장애인 권리조약 국제연합총회 채택
제28회 맹중복연 대회(이바라기)	2007년	
제29회 맹중복연 대회(도야마)	2008년	
제30회 맹중복연 대회(후쿠이)	2009년	
제31회 맹중복연 대회(도쿄)	2010년	
제32회 맹중복연 대회(치바)	2011년	

:: 참고문헌

감각통합 Q&A, 사토타케시 감수, 나가이 요우이치 · 하마다 마사요시 편집, 교우도우의서출판사

감각통합과 그 실천 제2판, Anita C. Bundy · Shelly J. Lane · Elizabeth A. Murray 편저, 교우도우
  의서출판사

감각통합요법입문 강습회 자료집, 일본감각통합장애연구회

개별 지원 계획의 개념 · 기재방법, 마츠노하나 카츠후미 저, 닛소우켄

건강장수네트워크(재단법인 장수과학진흥재단) 홈페이지

국제생활기능분류-국제장애분류 개정판-(일본어판), 2002년

도감방화관리, 도쿄법령출판사

맹농인의 입문서 1998년(일본장애인 재활협회 정보센터)

맹정박아의 지도, 타가야 마사오, 메이지도서출판, 1972년

맹정신박약아를 세상의 빛으로 — [빛의 모임]의 30년, 후루키 야에코(사회복지법인 아이코 창립
  50주년 기념지 2005년)

맹중복연 가맹시설 개요(맹중복연 1992년)

모두의 감각통합 그 이론과 실천, 사토 타케시 · 우에다 레이코 · 오노 아키오 저, 퍼시픽 서플라
  이주식회사

문부과학성 취학지도자료

방화관리자 강습교재(긴다이소방사)

방화관리 지식, 전국소방장회 편저

복지레크리에이션 실천매뉴얼, 쥬오우호키 법규

복지의료용어사전, 칸사이국제대학교수 미야하라 신지 저, 주식회사 소우겐사

사회복지시설에서의 감염증 예방 체크리스트, 도쿄도 복지보건국 건강안전부 감염증대책과

소방관계법령집, 전국소방장회 편저

시각대행 재활, 다카야나기 야스요 편저, 나고야대학출판회

시각중복장애인과 복지시설(일본 맹중복장애인복지시설연구협의회)

시각중복장애인복지의 변천사, 니시하라 케이지(맹중복연 기조보고 1985년)

시각중복장애인복지핸드북, 일본 맹중복장애인복지시설연구협의회, 1989년

신 가정의학, 기타무라 토오루 저, 주식회사 시사통신출판국, 2008년 2월 20일 초판

실천 · 복지문화시리즈 여가와 놀이의 복지문화, 아카시서점

알기 쉬운 장애인복지 제4판, 오자와 아츠시 편저, 미네르바 서방, 2008년

어린이의 발달과 감각통합, A. Jean Ayres 저, 교우도우의서출판사

자립 리스크의 심각성을 다시 보자, 노리사와 야스노리, 2008년

장애가 있는 사람의 자기결정 · 자기관리를 끌어내기 위한 매뉴얼, 나카무라 켄류 · 나카노 야스
    시(후생노동과학연구비보조금 장애보건복지종합연구사업 연구보고서 사회취로센터핸드북)

제40회 관동지구 지적장애인, 복지관계지원자 연구대회(2008년 7월), 장애인 지원시설 메이와
    연구발표자료

제도 · 정책 · 행정에 대한 제언(맹중복연 「장애인복지에 대한 새로운 도전」), 다나카 노조미,
    1994년

제도개혁의 너머에는 무엇이 보이는가, 노리사와 야스노리(맹중복연 기조보고 2005년)

중복장애교육연구부 일반연구 「감각장애와 지적장애가 있는 중복장애아의 개념형성 기서에 관
    한 연구」, 사시마 츠요시(국립특별지원교육 종합연구소)

중복장애인의 시설케어에 관한 실태와 과제파악을 위한 조사, 야마우치 스스무(「후생과학연구」
    2005년)

지적장애가 있는 사람의 지역생활지원핸드북, 미네르바 서방

지적장애아/인의 생활과 지원, 이치방가세 야스코 감수, 테츠카 나오키 · 아오야마 카즈코 저, 히
    토츠바시출판, 1998년

지적장애인의 여가 · 문화활동, 일본지적장애인 복지협회

하루만에 알수있는 예방실무(긴다이소방사)

학대 없는 지원 — 지적장애인의 이해와 교감, 이치카와 아이히코 편저, 2007년

행동장애의 기초지식, 재단법인 일본지적장애인 복지협회, 2007년

히로시마대학대학원 종합과학연구소

NPO법인 홋카이도건강만들기협회, 살류트하코다테 제7호 운동

WHO(국제보건기구), 후생노동성사회 · 원호국 장애보건복지부 기획과 역(후생노동성 홈페이지)

시각중복장애인의 지원기술과 지원환경의 구축은 당 협의회 가맹시설의 오랜 기간 실천의 기초가 되었습니다. 시각장애인 지원의 기본적 기술에 오랜 기간 실천을 통해 확립된 것을 담아 1989년에 시각중복장애인 복지핸드북을 간행하였습니다. 이후 이 소책자는 복지관계자, 교육관계자 등 많은 분들이 구독하여, 시각중복장애인과 이를 지원하는 시설의 인지도를 높이는 것과 함께 구체적인 지원기술의 향상에 일정한 역할을 해 왔습니다.

그러나 초판 간행으로부터 22년이 경과한 지금, 장애인 제도는 크게 그 양상이 변하여, 제도상 지원체제의 방향성은 이용자 주체, 취로지원과 지역생활 주체가 되어 왔습니다. 또한 사회복지, 의학과 관련된 전문용어 중 일부는 시대착오적 표현 및 부적절한 표현이라 하여 재검토 등이 이루어지고 있습니다. 이러한 점에서 본 서를 개정하게 되었으며, 당 협의회 가맹 22개 시설이 분담하여 작업을 진행해 왔습니다.

이번에 다시 내용을 심도 있게 한 본 서가 시각중복장애인의 지원과 관련된 분들, 또한 분야를 초월하여 많은 분들이 구독하게 됨으로써 그들의 존재와 그 실태가 더욱더 이해될 수 있기를 기대합니다. 그리고 그들의 권리와 생활의 주체자로서의 사회에 대한 인지가 높아져 폭넓게 지역사회 속에서 자연스러운 형태로 함께 생활해 갈 수 있도록 하는 것이 당 협의회의 간절한 소망이기도 합니다.

끝으로, 본 서는 본 협의회 가맹시설이 15개 도도부현에 소재하고 있는 관계로 인해 충분한 편집 조정을 도모할 수 없었고, 문맥 등 일부에 부적합한 점이 있었던 것을 사과 드립니다. 또한 지원에 대해 높은 전문성이 요구됨에도 불구하고, 각자의 바쁜 일정 등으로 인해 어려움이 있었습니다. 이러한 가운데 집필에 협력해 주신 위원분들께 진심으로 감사의 말씀을 드립니다.

2011년 11월

시각중복장애인 복지핸드북 편집위원회 위원장

아오토 토오루

◦◦ 찾아보기

옮긴이 소개

정지훈
대구대학교 대학원 특수교육학과(문학박사)
여주라파엘의집 원장

조규영
대구대학교 대학원 특수교육학과(문학박사)
극동대학교 초등특수교육학과 교수